Couverture inférieure manquante

NOTES HISTORIQUES

SUR L'ÉGLISE

DE

SAINT - PIERRE

D'AVIGNON

PAR G. BAYLE

AVIGNON

FRANÇOIS SEGUIN, IMPRIMEUR-ÉDITEUR

11, rue Bouquerie, 11

1887

NOTES HISTORIQUES

SUR L'ÉGLISE

DE

SAINT - PIERRE

D'AVIGNON

PAR G. BAYLE

AVIGNON

FRANÇOIS SEGUIN, IMPRIMEUR-ÉDITEUR

11, rue Bouquerie, 11

1887

NOTES HISTORIQUES
SUR L'ÉGLISE DE ST-PIERRE
D'AVIGNON

A l'occasion des travaux de restauration exécutés depuis quelque temps sur la façade de l'église de Saint-Pierre, il nous a paru opportun d'évoquer le souvenir de divers faits appartenant à l'histoire de cet édifice et qui sont peu connus du public ou même complètement oubliés.

Les chroniqueurs avignonais assignent à la seconde de nos paroisses une origine très ancienne ; d'après eux, elle daterait de plus loin que la basilique de Notre-Dame des Doms, et aurait porté primitivement le nom de Saint-Paul. Quelques historiens ecclésiastiques partagent cette opinion. On lit dans la *Gallia Christiana* que l'évêque Primus, qui mourut en l'an 3o7, choisit cette église pour le lieu de sa sépulture, « la cathédrale de Notre-Dame n'étant pas encore entièrement construite ».

Les auteurs du même recueil disent que Dabo, qui occupait le siège épiscopal d'Avignon en 433, voyant avec une extrême douleur que l'église de Saint-Paul avait été renversée par les Vandales, entreprit de la relever, ce qu'il accomplit en 436.

Henri Suarès, dans son histoire manuscrite de l'Eglise d'Avignon, rapporte une antique tradition suivant laquelle saint Agricol aurait fait rebâtir ce temple en 685, et l'aurait dédié au prince des Apôtres.

L'évêque Foulques II l'aurait érigé en prieuré paroissial en 912 (Nouguier).

François Duchesne, dans son *Histoire des Cardinaux français*, dit que Pierre Després, cardinal évêque de Préneste, un des prélats les plus influents de la cour du pape Clément VI, 'fit relever et construire à neuf l'église de Saint-Pierre (peut-être parce qu'il en portait le nom), qui avait été ruinée de fond en comble par les Sarrasins, il y avait plus de quatre cents ans, et de parochiale qu'elle était la fit ériger en collégiale en 1358, la dota de bons revenus et en donna le patronage au Souverain Pontife. Il ajoute que cette église était semblable, pour la structure, à celle de Montpezat, petite ville, près de Cahors, dont la famille du cardinal possédait la seigneurie, laquelle église Pierre Després avait fait bâtir et dota richement.

La fondation du Chapitre de Saint-Pierre par ce cardinal n'est pas douteuse ; mais il est beaucoup moins certain qu'il ait fait réédifier l'église, qui serait restée à l'état de ruines *pendant plus de quatre cents ans !* Duchesne, dans ses *Preuves*, à l'appui de son assertion à cet égard, cite une clause du testament de Pierre Després ; or, cette clause ne dit rien de semblable. En voici les termes, que nous traduisons du texte latin : « Item, nous léguons à l'église de Saint-Pierre d'Avignon une tapisserie de laine où sont les histoires des bienheureux Pierre et Paul. Item, un calice doré où sont les armes de notre maison (*d'or à trois bandes de gueules, au chef d'azur chargé de trois étoiles d'or*). Item, nous voulons que le cloître et les logis en cours de construction pour l'habitation des chanoines, des chapelains et autres ministres de la dite église, soient terminés à nos dépens. Item, nous léguons à la dite église notre chapelle en drap d'or, comprenant une chape, un pluvial, une dalmatique, une tunicelle, avec une étole, un manipule et un amict, les meilleurs que nous possédions. »

Ce testament fut fait à Avignon, le 14 novembre 1360, dans le palais du cardinal

Després, rue de la Miraillerie, où fut plus
tard l'hôtel de Crochans, où est aujourd'hui
l'archevêché. La reine de Sicile y logeait
en 1390 et payait 20 florins de loyer au
Chapitre de Saint-Pierre.

D'autre part, il résulte d'un grand nombre
d'actes, qu'il serait trop long de citer ici,
que l'église de Saint-Pierre existait au
XIIIᵉ siècle, et même avant, comme prieuré
paroissial. On ne peut admettre raisonna-
blement qu'on ait attendu plus de quatre
siècles, après sa destruction par les Sarrasins, pour la reconstruire. Le style de son
architecture atteste d'ailleurs qu'elle appar-
tient à l'époque gothique primitive.

La façade actuelle est beaucoup plus récente. En 1512, quelques paroissiens de cette
église, parmi lesquels Dragonet Girardi,
docteur en droit, Perrinet Parpaille, professeur à l'Université, le chanoine Nicaise
Vualet, Jean Nicolaï, qui devint évêque
d'Apt, et le notaire Pierre Alliberti, eurent
la pensée de doter Saint-Pierre d'une nouvelle façade et d'agrandir l'église d'une travée. Ils dressèrent en commun le plan de
ces travaux et en confièrent la direction à
Philippe Garcin, qui était à la fois peintre,
verrier et architecte. Ils devaient être terminés dans l'espace de trois ans ; mais on
voit par divers documents qu'ils durèrent

jusqu'en 1525. Dans son testament du 7 janvier 1522, écrivant Maître Bernardin de Garreto, Michèle de Cabassole, dame de St-Vallier, veuve de Balthazar de Jérante, et, en secondes noces, d'Etienne Bertrandi, célèbre jurisconsulte de Carpentras, légua onze écus d'or sol, au coin du roi de France, à l'œuvre de la grande porte de l'église Saint-Pierre, sous la condition « qu'à l'extérieur et dans le haut, il sera posé une statue de saint Michel, archange, avec les armes de la testatrice. »

Cette statue occupait sans doute l'espace vacant dans le tympan du portail, au-dessus du dais qui abrite la Vierge placée entre les deux baies de ce portail, et dont le mur offre des traces d'arrachements.

On ne sait au juste en quelle année furent posées les autres statues qui ornaient la façade et dont les niches, au nombre de sept, sont désertes depuis si longtemps. On ignore aussi quels saints personnages ces statues représentaient, à l'exception d'une seule, celle de saint Paul, œuvre présumée de Perrinet Soqueto ou de Nicolas Gasc, deux lapicides que Philippe Garcin s'était adjoints pour l'exécution de son traité ; mais il est fort probable qu'on les avait choisis parmi les bienheureux qui étaient jadis tout spécialement honorés à Saint-Pierre, en des anniversaires solennels, à savoir : saint Théodorite, saint Martial, saint Genès , sainte Maxime, sainte Ursule, saint Véran et saint Nicaise (*Festa propria insignis ecclesiæ Sancti Petri*). Saint Pierre devait aussi y figurer en regard de saint Paul.

Sans vouloir blâmer le choix qui a été fait des nouveaux saints, bien qu'on le juge un peu arbitraire, en général, et prématuré en ce qui concerne Jeanne d'Arc, nous éprouvons quelque regret de l'exclusion des anciens titulaires, tels que saint Martial, saint Genès, saint Théodorite, saint Véran, qui étaient l'objet d'un culte particulier à Avignon.

Nous n'avons pas à apprécier ici, au point de vue artistique, le mérite de l'œuvre de Philippe Garcin et de ses collaborateurs ; elle a été louée bien des fois par les juges les plus compétents et, en dernier lieu, par M. l'abbé Requin, dans une excellente étude publiée dans les *Mémoires* de l'Académie de Vaucluse. Notre rôle est plus modeste ; c'est celui d'un chroniqueur aimant à faire revivre le souvenir des choses du passé. Nous nous permettrons cependant de ne point adopter l'opinion de ceux qui attribuent à Jacques Bernus la grande et belle Vierge du portail de Saint-Pierre ; nous croirions plutôt, avec Silvestre, Joudou et Jules Courtet, qu'elle est l'ouvrage de l'un des Péru ; mais duquel ? La question vaut la peine d'être étudiée, et elle ne nous paraît pas insoluble (1).

Nous renvoyons aussi au Mémoire de M. l'abbé Requin pour la description des admirables portes dues au ciseau d'Antoine Volardi. L'habileté de la main, la science technique ne suffisent pas pour créer de pareils chefs-d'œuvre ; il faut encore l'esprit de foi, l'inspiration religieuse qui ont enfanté tant de merveilles.

Les travaux effectués à Saint-Pierre au commencement du XVIe siècle vinrent compléter des réfections entreprises bien des années auparavant, grâce aux largesses du cardinal Pierre de Foix, légat d'Avignon, et aux libéralités de plusieurs membres du Chapitre de cette collégiale. C'est aux frais du Chapitre que l'église fut couverte, en 1442, avec des bards en pierre de Caromb, et que, vers la même époque, on commença à bâtir le clocher qui ne fut entièrement terminé qu'au milieu de 1496 (*Arch. du Chap.*). En 1488, les chanoines sollicitèrent une forte

---

(1) Cette statue n'a pas été faite pour la place qu'elle occupe ; nous tenons de notre érudit collègue, M. Biret, qu'elle était auparavant dans une niche de la rue de la Bonneterie, et qu'elle fut donnée par son propriétaire à l'église de Saint-Pierre, pour remplacer une Vierge brisée en 1793.

subvention auprès du Conseil communal ;
mais cette assemblée leur alloua seulement
6oo florins, sous la condition que les armoiries de la ville seraient apposées ·sur les
constructions nouvelles.

La grande nef. — Le sanctuaire

A l'origine et jusqu'en ces derniers temps, l'église de Saint-Pierre n'avait qu'une seule nef à laquelle des chapelles latérales sont venues successivement s'ajouter dans le cours des siècles. Le style architectural de ce vaisseau lui donne bien pour date l'époque gothique; mais ses constructeurs paraissent avoir emprunté les restes d'un édifice roman. Lors de la restauration de 1861, les boiseries qui recouvraient les murs jusqu'au sanctuaire, ayant été enlevées à cause de leur état de dégradation, de vieux arceaux à plein cintre furent mis à découvert des deux côtés de la nef, au-dessous du chœur, et transformés en ogives. On trouva aussi dans la maçonnerie des piliers, au raz du sol, des pierres ayant visiblement subi l'action du feu et provenant peut-être de l'église construite par saint Agricol, et qui fut, d'après la légende, incendiée par les Sarrasins.

Les murs portaient encore la trace de peintures polychromes que notre ami Augustin Canron, dans un intéressant article publié par la *Revue des Bibliothèques paroissiales*, comparait à celles que M. Reynes avait découvertes dans l'ancienne église des Célestins. Si cette assimilation est exacte, ces peintures dataient du XVe siècle. Elles disparurent en 1590, lorsqu'un paroissien ayant plus de piété que de respect pour les antiquités locales, Pierre de Cocils, dit Agaffin, les fit recouvrir de placages dans le style grec. Ces placages se composaient d'arceaux à plein cintre et de colonnes corinthiennes cannelées qui supportaient un entablement au-dessus duquel régnait un attique.

Deux monuments de la grande nef de Saint-Pierre appellent l'attention des archéologues : la tribune du fond de l'église, et surtout la chaire à prêcher. On lit dans les archives capitulaires, qu'en 1458 le cardinal Pierre de Foix donna 2.000 florins d'or sur le fonds des restitutions incertaines pour bâtir une tribune sur la grande entrée de l'église. La construction d'une nouvelle travée et la réfection de la façade en 1512 entraînèrent la démolition de cette tribune ; elle fut remplacée par une autre dont il est parlé dans le prix fait passé avec Philippe Garcin, où elle est nommée *La tribune des orguènes*. Il fut stipulé dans cet acte qu'elle serait semblable à celle de Saint-Agricol, avec une balustrade à claire-voie, le tout en pierre de Pernes.

Cette tribune, qui était fort étroite, subsiste encore aujourd'hui, avec son cul-de-lampe gothique ; mais elle a été depuis peu considérablement agrandie.

La première chapelle à main gauche en entrant dans l'église, fut élevée aux frais de l'Aumône de l'Epicerie. Sur cette chapelle, aux termes dudit prix fait, on construisit un réduit voûté pour y placer les soufflets de l'orgue. Les documents que nous avons consultés ne disent pas si l'église de Saint-Pierre était déjà pourvue d'un orgue à cette époque ; le fait contraire semble résulter de la délibération prise par le Chapitre le 17 décembre 1555, et par laquelle un facteur nommé Jean Olanier est chargé de confectionner, pour le prix de 208 écus d'or au soleil, un orgue pareil à celui de Notre-Dame des Doms.

La facture de ces deux instruments était d'une grande simplicité, à en juger par le prix fait de l'orgue construit, en 1489, pour l'église de Saint-Agricol. C'était un sommier quadrangulaire formé de piliers supportant des tablettes au travers desquelles passaient les tuyaux de plomb, au nombre de cinq cents (*quingenti canones*), avec quatre grands tuyaux à chaque angle. Il y avait de plus « un petit jeu placé derrière le siège de l'organiste » (*retro humeros. illius qui tangit organa*).

En 1601, le vice-légat Charles de Comti ayant fait bâtir une tribune au-dessus de la chapelle actuelle des âmes du Purgatoire, pour y placer les chantres et les musiciens, l'orgue y fut transféré, et il a occupé ce lieu jusqu'en 1861. Une *Montre* lui faisait vis-à-vis de l'autre côté de la nef.

L'instrument construit par Olanier fut remplacé, en 1819, par un orgue d'une valeur bien supérieure. Ce fut l'œuvre de deux facteurs qui méritent d'être cités avec honneur dans l'histoire de l'art, Piantanida et Jean-Baptiste Mentasti. Nous n'avons pas de détails biographiques à donner sur le premier, sinon qu'il jouissait d'une grande réputation d'habileté en Italie, sa patrie. Quant au second, nous savons par un article nécrologique dont l'auteur était lui-même un maître éminent dans la science musicale, qu'il s'était justement illustré dans l'exercice de sa profession. « L'orgue dont il a doté Saint-Pierre, dit M. François Seguin (*Revue des Bibliothèques paroissiales*, année 1867, page 117), est surtout remarquable par le moelleux de ses jeux de fonds et de ses flûtes ; sans oublier ce jeu ondulant de voix angélique dont nos grands facteurs de la capitale ont fini par surprendre le secret. »

Après un long séjour dans la tribune latérale où nous l'avons vu transporté, l'orgue de Saint-Pierre a repris possession de son emplacement primitif; mais, malgré les remaniements importants qui viennent d'y être exécutés par les habiles mains de M. Théodore Pujet, il n'a pas recouvré les qualités exceptionnelles de sonorité qu'il devait à sa situation antérieure.

La chaire de Saint-Pierre est un vrai joyau d'une grâce, d'une délicatesse et d'un fini incomparables. « Puisque je viens de mentionner les chaires à prêcher, dit l'abbé Pougnet (*Bulletin monumental*, vol. XXXIV, page 534), qu'il me soit permis de rappeler celle de Saint-Pierre d'Avignon. Elle est dépouillée de ses statues, elle a perdu son escalier, elle est horriblement mutilée ; mais je la regarde comme le *nec plus ultra* du faire gothique au XVe siècle. Ses ornements n'ont que l'épaisseur d'une lamelle à peine possible pour du bois, et elle est en pierre ! »

Cette chaire fut donnée par un bourgeois du nom de Jacques Malhe ; ne serait-ce pas le même qu'un Jean Malhe, surnommé Vionis, qui fit en 1467 beaucoup de legs pieux, au sujet desquels Pierre Alberti, procureur des âmes dans Avignon, délivra quittance générale devant le notaire Guillaume Citelli ?

En 1861, ce merveilleux ouvrage a été restauré du mieux possible ; on lui a rendu les nervures et les aiguilles qui avaient été brisées par les Vandales de la Révolution.

Les murs et la voûte de la nef reçurent à la même époque de notables améliorations : « on en regratta les pierres d'un bout à l'autre, dit Augustin Canron ; des pendentifs sculptés par Lafitte furent ajoutés aux retombées des arcs, des écussons coloriés aux clefs de la voûte, et on rétablit les meneaux, les lobes, les flammes, les prismes ondulés des fenêtres du nord et du midi. »

Nous avons parlé des boiseries dont Pierre de Cocils fit revêtir les murs de la nef ; elles étaient semblables, comme sculpture, à celles qui recouvrent encore à présent le pourtour du chœur. En 1670, celles-ci furent dorées aux frais du Chapitre ; les autres étaient seulement peintes en grisaille. Les embellissements dont l'église fut l'objet à cette époque ne furent pas, à ce qu'il paraît, du goût de tout le monde ; des amis de l'art classique, voyant à regret disparaître la sévère ordonnance des anciens lambris sous la dorure et la peinture, accablèrent de critiques amères les directeurs et les architectes de l'œuvre. Pour se délivrer de leurs importunités, ceux-ci prirent le parti radical de fermer les portes de l'église au public. Cet incident, d'après Paul Achard, excita la verve de Nicolas Saboly, qui l'aurait décrit plaisamment, avec la fine malice dont il était coutumier, dans le noël : *Sortez d'ici, race maudite.* Les démons complotent la destruction des travaux entrepris à Saint-Pierre :

SEGOUN DÈMOUN

Iéu siéu vengu, sèns ana querre,
Vèire la glèiso de Sant Pierre,
Lou plus grand de meis ennemis,
Que tèn lei clau de Paradis.
M'a plus vougu douvri la porto ;
Iéu l'aïsse de talo sorto
Que li vole tout ravaja.

PREMIÉ DEMOUN

Aro èi lou tèms de se venja.

SEGOUN DEMOUN

Iéu vole escafa la pinturo.

PREMIÉ DEMOUN

Iéu vole escaia la daururo
E brisa tous leis ournamen.

Sans épouser la querelle des détracteurs du Chapitre, on peut regretter que la libéralité de Pierre de Cocils nous ait privés de voir plusieurs monuments édifiés le long des murailles du sanctuaire, entr'autres le mausolée de l'évêque Jean Nicolaï. Quant au retable de pierre de l'ancien maître-autel, que l'abbé Pougnet estimait à l'égal de celui de Laurana, ce n'est plus, hélas ! qu'une lamentable ruine. Mais nous pouvons le reconstituer à l'aide d'un document authentique auquel nous ajouterons quelques notions qui feront apprécier toute la valeur de cette relique de l'art.

Les autels majeurs de Saint-Pierre ont eu bien des vicissitudes ; nous nous arrêterons un peu sur leur histoire.

Le plus ancien que nous connaissions est du milieu du XV° siècle. Le 14 avril 1461, un contrat fut passé devant M° Jacques Girardi, notaire à Avignon, entre Jacques Oboli, chanoine de Saint-Pierre, et maître Antoine le Moitoyer (1), lapicide, pour la construction d'un retable de pierre destiné au maître-autel de cette collégiale, alors adossé au mur de l'abside, sous les clauses suivantes :

Antoine le Moitoyer devait faire un monument ainsi composé :

Au sommet, un baldaquin ou dais surmonté d'un pinacle, recouvrant un Christ en croix ;

Au-dessous, sept statues représentant les trois Maries, saint Jean-Baptiste, saint Jean l'Evangéliste, saint André et saint Jacques ; un autre Crucifix plus petit que le premier ;

Et plus bas, sur une tablette aussi de pierre, une Notre-Dame de Pitié, avec

(1) Le nom de cet artiste est écrit ailleurs : *Le Moiturier* et *Le Montoyer.*

quatre *histoires* (l'acte ne dit pas lesquelles).

Ces figures devaient être accompagnées d'ornements, tels que pilastres avec filets et clochetons, pour leur servir de cadre et former des compartiments.

Le sculpteur s'obligeait à terminer cet ouvrage dans un an et demi, bien et dûment, au jugement de personnes expertes ; et de son côté, le chanoine Oboli prenait l'engagement de lui payer, à la même époque, le prix convenu, à savoir : une maison située dans la paroisse de Saint-Symphorien, sur la petite place du *Petit-Paradis*, vers les *Trois-Pilats* ; 3o florins, monnaie courante à Avignon ; 2 tonneaux de vin clairet et 12 baraux de vin de pressurage (1).

Antoine le Moitoyer n'était pas le premier venu ; originaire de Bourgogne, il s'était fait un nom en collaborant, avec Jean de la Verta, dit d'Aroca, et Jean de Droguès, tailleurs d'images, à la décoration du tombeau de Jean Sans-Peur et de sa femme, Marguerite de Bavière, érigé dans l'église de la Chartreuse de Champmol, à Dijon, et que l'on voit aujourd'hui au Musée de cette ville. Il avait aussi travaillé à d'autres ouvrages exécutés dans le même monastère par

(2) *Vini destricti*, ce qu'en Provence on nomme *vin de destret.*

le hollandais Claux Sluter, *ymaigier* du duc Philippe le Hardi. Il avait pour spécialité la sculpture des figurines (Orants, Pleurants, Angelots), dont il était d'usage de décorer la sépulture des grands personnages. Nous sommes tenté, pour ce motif, de lui attribuer les statuettes de la chaire de Jacques Malhe et même la chaire tout entière. Il y a en effet une grande ressemblance entre ce monument et le tombeau de Jean Sans-Peur ; l'un et l'autre tiennent plus, par leurs ornements si finement découpés, du genre de la décoration d'un reliquaire que de l'architecture proprement dite.

Si le constructeur du retable est un artiste de haute marque, le donateur n'est pas une figure vulgaire. Le chanoine Oboli était assurément un lettré et un ami des beaux-arts ; sa bibliothèque renfermait des livres de grammaire, de droit canonique, de plain-chant et d'orgue, qu'il légua à Perrinet Boquin, son serviteur ; mais il avait une assez forte dose d'excentricité ; son premier testament, de l'année 1448 (notaire Jacques Girardi), contenait la clause suivante :

« Le testateur veut et ordonne qu'au cas où ses obsèques auraient lieu le matin, il soit célébré par des chanoines de l'église Saint-Pierre une messe solennelle en musique dite de la Sainte-Trinité, avec diacre et sous-diacre, chantée par sept chantres et musiciens les meilleurs de la ville, à la louange de Dieu et pour le salut de son âme. Il veut aussi qu'avant cette messe et son ensevelissement, un repas soit donné aux chanoines, prêtres, diacre, sous-diacre, musiciens et chantres, dans sa chambre mortuaire, corps présent. Les reliefs du banquet, auquel l'exécuteur testamentaire sera tenu d'assister, seront par ses soins distribués aux pauvres. »

Dans un second testament, reçu par Me Guillaume Citelli, le 23 juillet 1462, il institua son héritière universelle l'Œuvre du Retable, nouvellement entreprise.

Il fut inhumé dans l'église de Saint-Pierre et dans la chapelle de la Sainte-Croix.

Le monument d'Antoine Le Moitoyer existe encore aujourd'hui ; mais, nous l'avons dit, dans un état déplorable. Comme il n'est pas accessible à tout le monde, enfoui qu'il est dans un réduit ténébreux, entre le tableau du maître-autel et le mur de l'abside, nous allons indiquer exactement le peu qui en reste.

L'encadrement a moins souffert que les personnages, dont il ne subsiste plus que deux. Il mesure 4^m,15 de hauteur, sur 3^m,25 de largeur. Au sommet est un dais à cinq pendentifs, dans le style bien caractérisé du gothique fleuri, avec des cloisonnages, des entrelacs, des bouquets de feuilles frisées. Il èst supporté par deux pilastres rayés de filets et de cannelures, et se terminant dans le haut en forme de clochetons. Il est fermé, à la base, par deux bandeaux très saillants, dont nous dirons la disposition.

Le *scenario* principal, si nous pouvons employer ce terme, était divisé en deux compartiments superposés par un arc cintré, qui figurait le Calvaire et qui est maintenant en partie rasé.

Dans le compartiment supérieur, on voyait, au milieu, les *trois Maries* groupées au pied de la croix, et à la naissance de l'arc, extérieurement, de chaque côté, un des disciples du Christ, sur des consoles très ouvragées. Un de ces personnages est encore intact, ainsi que son piédestal. Il nous paraît représenter saint Jean l'Evangéliste, bien qu'il ne soit pas accompagné des attributs ordinaires de ce saint. C'est un homme jeune, à figure douce, imberbe, presque féminine, à la chevelure longue et bouclée, vêtu d'une robe à larges plis serrée à la taille par une corde. Il a devant lui une grande croix qu'il soutient de ses mains. La statue qui lui faisait vis-à-vis était probablement celle de saint Jacques *le majeur*, frère de saint Jean, dans la même attitude que celui-ci, et soutenant comme lui une croix. La silhouette de ce saint et celle de la croix sont imprimées sur la pierre, et montrent que ces sculptures, en plein relief, comme est d'ailleurs la statue de saint Jean, étaient simplement plaquées sur le mur de l'abside, tandis que le groupe central y était bâti, ainsi qu'en témoignent les traces encore apparentes de la mutilation qu'il a subie.

Dans le compartiment inférieur devaient être sculptées, aussi en haut relief, les statues de saint Jean-Baptiste et de saint André, posées en face l'une de l'autre ; il n'en reste plus qu'une, que nous croyons être celle de saint André, parce qu'elle ne rappelle en rien le costume légendaire du Précurseur. Les bras du saint étant brisés, on ne peut savoir s'il tenait dans ses mains l'instrument de son supplice. Son corps est incliné, dans l'attitude de la prière, vers le centre du compartiment, où un massif rompu et tailladé à coups de doloire fait supposer l'existence d'un emblème sacré, comme serait le second Crucifix spécifié dans le prix fait.

Ce dernier groupe était posé sur un bandeau occupant toute la largeur de retable, et au-dessous duquel est une guirlande de branches de vigne chargées de feuilles et de fruits délicieusement ciselés.

Entre cette guirlande et le second bandeau, limite extrême du retable, est un espace vide de 2^m, 80 de long, sur 0^m, 55 de haut ; c'est là qu'était encastrée la tablette formant soubassement et portant l'image d'une *Pietà*, avec quatre *histoires* ou scènes de l'Écriture Sainte. Il n'en reste aucun vestige.

Au-dessous, les pierres de taille du mur sont encore percées de trous, où étaient scellés les fers qui fixaient l'autel.

Les rares débris que nous avons essayé de décrire justifient l'opinion de M. l'abbé Pougnet, et font amèrement regretter la destruction d'un monument aussi remarquable. A qui doit-on imputer cet acte de barbarie ? On est naturellement porté à en accuser les iconoclastes du siècle dernier, qui ont fait tant de ruines dans les églises d'Avignon ; mais il faut tenir compte de la situation particulière de Saint-Pierre à l'époque de la Révolution ; l'évêque constitutionnel Etienne ayant choisi cette église pour en faire sa cathédrale, son intervention dut empêcher bien des désordres, et il y a tout lieu de croire, d'après l'état des choses, que les boiseries du chœur et le tableau du maître-autel furent respectés. Le crime que nous déplorons serait donc antérieur à cette époque et remonterait au temps où le sanctuaire reçut sa décoration actuelle.

Les ouvriers qui posèrent la boiserie et le tableau du fond de l'abside supprimèrent brutalement tout ce qui les gênait dans leurs travaux ; il ne faut pas chercher ailleurs les coupables.

Le tableau était du peintre Pierre du Plan ; il représentait *saint Pierre marchant sur les eaux*. Il fut remplacé, en 1635, par le tableau actuel : *Jésus-Christ donnant les clefs de son royaume au prince des apôtres*, dont l'auteur, Guillaume Grève, était qualifié, de son vivant, *peintre excellent*, même dans les actes publics.

L'autel qui avait succédé à celui de la fondation du chanoine Oboli fut d'abord placé au milieu du chœur ; le vice-légat de Comti le recula jusqu'à la place qu'occupe aujourd'hui l'autel construit par M. le curé Richard, et le releva sur de belles et larges marches. En même temps il fit dresser à côté de cet autel un grand et magnifique trône, recouvert d'un dais de velours rouge tout brodé d'armoiries. (*Manuscrit de Jean Morelli.*)

Peut-on identifier l'autel en bois sculpté et doré dont Pierre de Cocils avait fait présent à l'église de Saint-Pierre, en 1590, avec celui dont on attribue la construction à l'un des Péru, et qui est aujourd'hui dans l'église de Montfavet ?

En 1590, Michel Péru, le premier des artistes de ce nom qui soit venu de Lorraine s'établir à Avignon, n'était peut-être pas

encore né ; ce n'est qu'en 1649 qu'il sculpta
le retable de la Miséricorde et les frises du
pourtour de cette chapelle ; mais l'un de ses
descendants pourrait avoir travaillé à cet
ouvrage. Il est certain qu'il fut remanié au
commencement du XVIII⁰ siècle. Le procès-
verbal de la visite pastorale que fit, en 1707,
Mgr Maurice de Gonterii, archevêque d'Avignon, parle « du nouveau retable du maître-
autel de l'église de Saint-Pierre, qui n'est
pas encore doré ».

Dans son état actuel, malgré les avaries
qu'il a subies par suite de son transport à
Montfavet, et les modifications malheureuses
dont il a depuis été l'objet, il est encore tout
à fait digne de la réputation dont il jouit
parmi les connaisseurs. Nous aurions bien
des griefs à formuler ici à son sujet, mais
une certaine réserve nous est commandée.
Nous ne pouvons cependant éviter de dé-
plorer l'absence de sens artistique qui a fait
aliéner à vil prix un pareil trésor, ainsi que le
goût barbare qui a présidé à divers change-
ments. En avançant les gradins sur la table
de l'autel, on a caché en grande partie le
tabernacle, en forme de *ciborium*, que sur-
monte une gloire d'un dessin charmant, d'une
élégance exquise, où des anges qui se jouent
dans des gerbes de rayons rappellent les
plus gracieuses créations de Jacques Bernus,

Pour comble d'infortune, la croix dorée qui couronnait cette œuvre si harmonieuse a été remplacée récemment par un *Sacré-Cœur* polychromé, posé sur un échafaudage d'une lourdeur extrême, qui produit l'effet d'une note discordante. Nous ne sommes pas seul à faire des vœux pour qu'il soit mis au plus tôt un terme à cette fâcheuse innovation.

Nous ne saurions quitter le chœur de l'église de Saint-Pierre sans rappeler que sous ses dalles repose la cendre du chantre de la Crèche, l'immortel Saboly, dont le nom est inséparablement uni à celui du temple où la tradition populaire place l'érection en Provence de la première Nativité.

Chapelles et Chapellenies

Deux portes sont pratiquées dans la boiserie du chœur, à droite et à gauche du maître-autel. Elles sont toujours fermées pour le public, mais pour nous elles vont s'ouvrir. Celle de droite, c'est à-dire du côté de l'épître, nous conduit dans une sorte de garde-meuble. C'est une ancienne chapelle dont il nous eût été impossible de découvrir l'identité, sans le secours de deux actes notariés relatifs à sa fondation.

Le premier spécifie les conditions de cette fondation, faite par Isabelle de Saluces, veuve de Barthélemy de Brancas, baron d'Oyse, de Villars et de Villosc, seigneur de Maubec, de Beaumont, etc. Il y est dit notamment que la chapelle, dédiée à *Notre-Dame de Pitié*, est destinée à la sépulture de la fondatrice et de sa famille ; qu'elle sera construite dans le cimetière qui est au midi de l'église, entre « le nouvel édifice, le lavabo et le clocher ».

Le second est un traité passé entre Isabelle de Saluces et Maître Antoine Omède, lapicide, devant Me Jacques Girardi, le 26 mars 1461, pour la construction de ladite chapelle.

Voici, en abrégé, la traduction de cet acte.

Ledit Antoine Omède promet à noble Dame Isabelle de Saluces de bâtir, depuis les fondements jusqu'au faîte, une chapelle qui contiendra, en longueur, deux cannes et demie, en largeur, entre les deux murs, treize palmes, et dont la hauteur sera égale à celle du lavabo de la dite église Saint-Pierre, près du grand autel.

Item, il promet de faire quatre consoles, deux avec les armes de feu noble seigneur Barthélemy de Brancas, et les deux autres avec les armes de la dite noble dame Isabelle.

Item, il promet de construire la dite chapelle avec cinq clefs de voûte et de placer sur la plus grande les armes de la maison de Brancas.

Les consoles et les clefs seront en pierre de Caromb.

Item, il promet de faire la dite chapelle bonne et belle, et de la munir d'une fenêtre avec les fers nécessaires pour y poser des verrières.

Item, il construira un autel et une piscine.

Item, la dite chapelle sera bardée, dessous et dessus, de bonnes pierres de Villeneuve.

Le tout, pour le prix de 3oo florins.

Ces actes fixent mathématiquement la to-

pographie de la chapelle d'Isabelle de Saluces ; tous les confronts visent le midi : le
clocher, le cimetière, le lavabo, la bâtisse
neuve, qui était la chapelle des Gálliens,
construite aussi, nous le verrons plus loin,
sur le terrain du cimetière. C'était bien la
chapelle, aujourd'hui délaissée, après avoir
servi de sacristie, qui est à droite du maître-
autel. La voûte, en ogive, a bien les
cinq clefs promises par Antoine Omède,
et quatre consoles en soutiennent les retombées. Les armoiries qui devaient y être
sculptées ont disparu, à l'exception de deux
seulement, où nous avons reconnu le blason
de la maison de Saluces : *d'azur, au chef
d'or, à la cotice d'argent.* Les dimensions,
en long et en large, répondent à celles indi-
quées dans le contrat de prix fait, et la hauteur est aussi égale à celle d'un local où
nous croyons qu'il faut placer le *lavabo* de
Saint-Pierre.

Qu'était cette construction dont le nom
apparaît pour la première fois dans l'histoire des édifices religieux d'Avignon ?

Il y a là une question archéologique des
plus intéressantes. On lit dans Viollet-le-
Duc (*Diction d'archit.*) :

« LAVABO. Grande vasque en pierre ou
en marbre répandant l'eau, par une quantité
de petits orifices percés autour de ses bords,

dans un bassin inférieur, et destinée aux ablutions. Par extension, le nom de lavabo a été donné à la salle ou à l'aire au milieu de laquelle s'élevait la fontaine. La plupart des cloîtres de religieux possédaient un lavabo. C'était une annexe du cloître vers laquelle les religieux se dirigeaient avant d'entrer au réfectoire et en revenant des travaux des champs... En Espagne, les couvents possédaient des lavabos magnifiques... C'est aussi dans les monastères du midi de la France qu'on trouvait autrefois les lavabos les mieux disposés et les plus spacieux. Il est à regretter que ces salles, qui se prêtaient si bien aux compositions architectoniques, aient été détruites partout. »

Viollet-le-Duc cite les monuments de ce genre les plus remarquables ; mais il ne parle que des monastères ; on voit cependant, par l'acte précité, qu'il y avait aussi des lavabos dans les églises collégiales. Celui de Saint-Pierre existe encore aujourd'hui presque en entier ; c'est la salle que l'on traverse pour monter au clocher et dont la porte ouvre sur le passage de la rue Corderie. Elle est contiguë à la chapelle d'Isabelle de Saluces ; sa voûte, en arête, n'est pas en pierre, mais en brique. Les murs, percés de deux fenêtres ogivales, portent encore des traces très apparentes de peintures décoratives ; un quadrillage brun et jaune-vert. Si on fouillait le sol, on y découvrirait probablement des rés-tes du canal qui amenait l'eau dans la fontaine. Une vue d'Avignon de 1683, que la Bibliothèque du Musée-Calvet possède, nous a conservé la structure extérieure de cet édifice, qui était coiffé d'un toit conique, remplacé aujourd'hui par une bâtisse sans caractère.

Isabelle de Saluces transmit à ses deux fils, Gaucher et Jean de Brancas, le droit de présentation à la chapellenie qu'elle avait fondée dans sa chapelle ; cette prérogative a appartenu jusqu'à la Révolution à la branche des Brancas-Villeneuve.

Nous ne ferons pas ici la biographie du lapicide Antoine Omède ; nous dirons seulement que c'était un véritable artiste, très apprécié par ses contemporains. Le cardinal Julien de la Rovère, archevêque d'Avignon, lui confia la direction des travaux de reconstruction de la façade méridionale de son palais, et il aurait été chargé de la restauration de la cathédrale de Carpentras, si une maladie de sa femme ne l'eût empêché d'accepter les offres qui lui avaient été faites à cet égard. (*Notes de Curel.*)

La porte intérieure, bardée de clous à pointe de diamant, qui s'ouvre du côté de l'Evangile, a tout particulièrement fixé notre attention. Elle est du même bois de noyer massif que les grandes portes sculptées par Antoine Volardi, et sa partie supérieure est ornée de ciselures qui révèlent la main de cet artiste.

Cette porte donne accès dans la nouvelle sacristie. Celle-ci est formée de deux constructions qui paraissent avoir été deux chapelles distinctes, séparées par un arceau, que l'on a coupé à moitié de sa hauteur quand on a placé les boiseries des crédences.

Celle que l'on a à gauche en entrant, et qui est la plus rapprochée du passage venant de la place du cloître, est plus ancienne que l'autre et d'une main-d'œuvre plus soignée. On y remarque tout d'abord une grande arcade ogivale, aujourd'hui murée, qui s'ouvrait à l'entrée du chœur. C'était là, pensons-nous, le portail *« tirant à la clastre »*, dont il est question dans le prix fait du 30 juin 1512. Il était orné de statues, suivant une clause du même acte, disant que les prix facteurs *« seran attengus faire les ymages dudit portal bien faites juxta la forma que l'y douran tirar per la man d'un pintre »*.

L'écusson qui est sculpté à la clef de voûte porte les armoiries de la famille Louancy : *de gueules à trois pals d'argent*. On voyait encore dans cette chapelle, avant la réfection du dallage, l'épitaphe de messire Claude de Louancy, doyen du Chapitre de St-Agricol, décédé le 10 mars 1545, et tout à côté, devant l'ancien autel, celle de messire Esprit-Ignace de Guilhem, doyen de St-Pierre, mort le 30 avril 1737 (*Ms. de de Véras*).

La seconde chapelle nous semble dater de l'agrandissement de l'église, en 1488, à cause des armoiries de la ville que l'on voit sculptées à la clef de voûte. Nous avons dit plus haut, en effet, qu'en allouant au Chapitre un subside de 600 florins, le Conseil avait stipulé que le blason municipal serait apposé sur les constructions nouvelles. Cette chapelle est d'un style moins pur que la précédente : elle gauchit sensiblement, et la fenêtre qui l'éclaire n'est pas dans l'axe de la voûte ; mais elle offre beaucoup d'intérêt au point de vue historique. Après des recherches très laborieuses, nous croyons avoir découvert que c'était là que se célébrait tous les ans, le lendemain de la fête de saint Jean-Baptiste, la messe dite *de la Concorde*. Les consuls sortant de charge étaient tenus d'y assister, avec leurs successeurs, et le service terminé, ils déposaient leurs chaperons dont se paraient les nouveaux édiles.

Par qui cette messe avait-elle été fondée ? Diverses opinions ont été émises à ce sujet ;

l'abbé de Véras dit qu'elle fut instituée par Jean de Cocils, en 1524; mais on lui donne généralement pour fondateur Jean Textoris ou Teissier, trésorier-général de la ville d'Avignon, qu'il fit, en mourant, son héritière universelle, en 1384. Nous avions adopté nous-même cette créance dans une notice sur ce personnage; mais aujourd'hui, en présence de textes officiels, elle ne nous semble plus justifiée.

C'est en 1358 que Jean Textoris apparaît pour la première fois dans les archives de Saint-Pierre. Il venait de perdre son fils unique, Bertranet. Pendant la maladie de cet enfant, qui fréquentait encore l'école de Ste-Perpétue, il s'était adressé à tous les saints du Paradis pour implorer sa guérison, offrant dans cette intention des *majestés* de cire à Notre-Dame-des-Doms, sur le tombeau du pape Urbain V, *sant paire Urban*, et à sa paroisse, au grand autel de Monseigneur Saint Pierre. Ses vœux ne furent pas exaucés, mais sa foi robuste n'en souffrit aucune atteinte, et il exprima sa résignation, dans un de ses livres de commerce, de la façon la plus touchante. C'était un riche marchand chenevassier, dont l'atelier, *obrador*, était situé dans la rue de la Corderie, en face du cimetière de Saint-Pierre.

Donc, le 24 octobre 1358, il demanda à

Pierre de Poïet, prieur de Saint-Pierre, l'autorisation de faire édifier dans cette église, sous le titre de St-Vincent, une chapelle funéraire. Elle lui fut immédiatement accordée, et il traita avec André de Scoteriis, originaire de St-Georges de Sparenches, dans le diocèse de Vienne, pour la construction de la dite chapelle, au prix de 151 florins d'or. (*Acte reçu par Bernard de la Fite, not.*)

Après cet acte, il n'est plus question de lui qu'à propos de son testament, fait le 18 février 1384, et dans lequel il légua au Chapitre de St-Pierre cinq bancs (*comptoirs*) qu'il possédait dans la rue de la Corderie, à charge de six anniversaires. Ceux-ci devaient sans doute être célébrés dans la chapelle de St-Vincent ; mais ils ne se rapportaient point à l'élection des Consuls et n'avaient pas le caractère de prières publiques. Ces prières, le testament de Textoris les institua dans l'église des Frères Mineurs. Elles devaient avoir lieu deux fois l'année, le 2 janvier et le 2 juillet.

Jean Textoris avait choisi cette église parce qu'on y conservait alors, faute d'Hôtel-de-Ville, le dépôt des archives communales, et qu'elle servait souvent de lieu de réunion au Conseil. Mais quand la ville eut acquis, en 1447, des dames bénédictines de St-Laurent, le palais du cardinal d'Albano, pour en faire le siège du pouvoir municipal, ses représentants estimèrent qu'il n'y avait plus lieu de maintenir cet état de choses, et ils prirent la délibération suivante :

« Attendu que les archives qui avaient accoutumé d'être dans l'église des Frères-Mineurs ont esté transférées à l'Hôtel-de-Ville, le Conseil délibère que ce service se fera désormais dans l'église de St-Pierre, où est la chapelle de messire Jean Textoris, à condition que le Chapitre rendra cette chapelle à la ville. » *(Délibération du 21 juin 1453.)*

Le Chapitre accepta cette condition, et ce fut dès lors dans son église qu'eut lieu la cérémonie annuelle de la transmission des pouvoirs consulaires.

La chapelle dont il est ici question était bien celle que Textoris avait fait construire et où son corps reposait ; on en a la preuve dans un procès-verbal de la séance du Conseil du 19 avril 1486, dans laquelle il fut décidé « que l'on ferait réparer la *chapelle de la Ville* où est enterré Messire Jean Textoris », et dans celui d'une réunion du 17 septembre 1491, où on vota l'acquisition d'une grille pour fermer cette chapelle.

Mais la chapelle de St-Vincent était très exiguë, car elle n'avait, en largeur et en profondeur, que l'espace compris entre deux piliers. Les Consuls ne devaient pas s'y mouvoir à l'aise, et le cortège qui les suivait, assesseurs, conseillers, notaires-greffiers, courriers, massiers, etc., était forcé de se caser dans la nef de l'église, avec le commun des fidèles. Aussi, le Conseil de Ville cherchait-il un lieu plus vaste, quand il s'assemblait à Saint-Pierre, en attendant que l'aménagement du palais d'Albano fût terminé. C'est dans la chapelle de la Conception, siège de la confrérie des notaires, qu'il se réunit, le 9 août 1448, pour recevoir la visite des députés du roi de Sicile venant demander l'extradition de Pierre de Frégimino, trésorier général de Provence, accusé de concussion, qui s'était réfugié à Avignon.

Nous ne saurions, pour ce motif, identifier la chapelle de St-Vincent avec celle qui prit le nom *de la Concorde*, si ridiculement travesti en celui *de la Concourde*. Mais nous avons pour cela une autre raison, c'est l'époque où il est parlé pour la première fois de la *messe de la Concorde* : ce fut vers le milieu du XVIe siècle. En ce temps vivait à Avignon et y mourut une femme que des documents officiels désignent comme la fondatrice de cette messe, et qui fut ensevelie dans la *chapelle de la Concorde*. Si nous découvrons le lieu de sa sépulture, la question qui nous occupe sera résolue.

Voyons d'abord les documents dont nous venons de parler.

« Le 23 novembre 1650, le Conseil ratifie le payement de 45 écus fait à Jacques Rasibus, savoir 38 écus pour le festin de la Coucourde, et les 7 écus restants pour la dépense faite par MM. les Consuls de Beaucaire venant en cette ville. M. le Primicier et messieurs du Clergé et de l'Université ont dit balloter à l'affirmative, pour cette fois tant seulement, et en cas qu'on veuille tirer de conséquence telle dépense du festin de la Coucourde, dès maintenant se sont opposés et s'opposent, jusqu'à ce qu'on leur aie fait voir s'il y a des biens de la fondatrice, donne Madeleine Lartessut, pour servir à telle dépense. » (*27ᵉ registre des Conseils, fol. 31.*)

Dans le 2ᵉ conseil tenu le 22 juin 1652, on fait observer « que la chapelle où feue dame de Lartessut se trouve ensevelie, laquelle est dans l'église de Saint-Pierre et *en la chapelle de la Coucourde*, où annuellement MM. les consuls et assesseurs vieux et nouveaux, avant de quitter leurs chaperons, vont assister à la messe, aurait besoin d'être réparée par la construction de quelque beau retable ; ce qui ayant été mis aux voix a été refusé. » (*Loc. cit., fol. 129.*)

Ces textes sont formels ; ils nous font

connaître le nom de la personne qui institua l'anniversaire de la Concorde, fondation entée sur celle de Jean Textoris, sous un nom impliquant le vœu de voir régner la paix et l'harmonie entre les anciens et les nouveaux édiles, et avec l'addition d'un festin plantureux destiné à cimenter ces bons sentiments.

Nous faisons remarquer tout de suite que la chapelle dont il s'agit ci-dessus et qui avait besoin d'être réparée, ne pouvait être celle de St-Vincent, que le Chapitre avait concédée, en 1606, à Pierre de Lopis de Blanqui, et à sa femme, Louise de Félix de la Ferratière, pour en faire leur sépulture, et qui fut alors restaurée, ornée et dédiée à nouveau. (*Manuscrits de l'abbé de Véras.*)

Il nous reste maintenant, avant de tirer la conclusion que nous avons fait pressentir, à dire ce qu'était la fondatrice de la messe de la Concorde.

Madeleine de Médicis de Lartessut (1) était la fille légitimée de Pons de Lartessut, procureur fiscal de la Cour temporelle de Saint-Pierre, tribunal de première instance de la ville d'Avignon. Elle épousa Joachim

(1) Ce nom est quelquefois écrit *Lartissut* dans les actes notariés; nous avons adopté l'orthographe la plus usitée, qui se rapproche davantage de la forme primitive du mot dans la langue romane : *Lart-elssuch.*

de Sade, seigneur de Saumane, et n'eut pas beaucoup de bonheur dans cette union. Devenue veuve par la mort tragique de son mari, qui se noya en traversant la rivière du Caulon, elle augmenta sa fortune, déjà considérable, par des opérations de commerce maritime, ce qui la mit en rapport avec Bernard d'Ornesan, baron de Saint-Blancard, marquis des Iles d'Or, général des galères royales dans la Méditerranée. Avec une activité infatigable et une rare entente des affaires d'intendance, elle consacra toutes ses ressources à seconder ce chef d'escadre pendant la guerre entre François Ier et Charles-Quint, et l'on peut dire qu'elle contribua puissamment à la déroute des impériaux en Provence.

François Ier appréciait singulièrement ses services et correspondait directement avec elle au sujet de l'armement des vaisseaux de sa flotte.

Le baron de Saint-Blancard mourut avant elle et lui laissa par testament 6.000 livres pour faire prier Dieu pour le salut de son âme. Mais elle eut beaucoup de peine à se faire délivrer ce legs et fut forcée de recourir au Parlement d'Aix. Dans la requête qu'elle adressa au président Bertrandy, elle disait : « Plaise à vous savoir que le seigneur de Saint-Blancard, dernièrement trépassé, a laissé par son testament 6.000 livres pour délivrer son âme, comme avions accordé de luy à moi... par quoy je suis délibérée de plustôt poursuivre ces 6.000 livres que les 4.000 qu'il a laissées à moi ; car le bon seigneur peult estre est en purgatoire qui attend l'ayde de ses bons amys ; je n'y demeureray une heure que je n'y mette ce que je puis, quand je devrais demeurer en chemize. »

Elle n'avait pas encore obtenu justice quand elle fut atteinte de la maladie dont elle mourut. Le 21 janvier 1543, elle fit son testament devant M⁣ Louis Gautier, notaire à Avignon (*Arch. départ. Fonds Pons*, nᵒ 1213) et divisa sa succession en trois parts égales, léguant la première à l'hôpital de Ste-Marthe ou de Bernard Rascas ; la seconde au fils aîné du baron de Saint-Blancard ; la troisième à une de ses nièces, Madeleine Vento, de Marseille, épouse de Pierre Isnard, chevalier, de Salon en Provence.

Mais elle mit pour condition à la délivrance du second de ces legs, que le légataire paierait au préalable les 6.000 livres qu'elle avait jusqu'alors vainement réclamées. Cette somme ayant enfin été versée entre les mains des consuls, administrateurs de l'hospice, il fut question d'en régler l'emploi.

« Alors, dit un chroniqueur anonyme

dont il nous a été donné de consulter le manuscrit, MM. les consuls de la ville, voyant les grands désordres qu'avait causés l'hérésie, se pourvurent devant le juge, lui représentant combien il serait nécessaire d'établir un séminaire ou collège dans lequel la jeunesse serait instruite tant aux lettres qu'aux bonnes mœurs, et que comme les RR. PP. jésuites, qui commençaient pour lors à instruire, seraient très propres pour cela, ce ne serait pas frustrer l'intention de la dite testatrice, si on employait les 6.000 livres pour l'établissement des dits RR. PP. dans cette ville ; sur quoi fut ouï le principal exécuteur testamentaire de ladite Lartessute, qui déclara par écrit qu'il n'empêchait pas ledit emploi, à condition que les jésuites ne jouiraient de la pension de 6.000 livres que durant le temps qu'ils resteraient à Avignon et qu'ils enseigneraient gratuitement la jeunesse. » *(Fondations du couvent des Prêcheurs.)*

Le testament de Madeleine de Lartessut contenait divers legs particuliers, entre autres celui de sa maison d'habitation située dans la *rue de Hugues de Sade*, aujourd'hui *rue Dorée*, fait en faveur de la ville, et du mobilier qu'elle renfermait. Aussi, les consuls, considérant justement cette dame comme une bienfaitrice publique, présidèrent-ils à ses obsèques, avec un grand déploiement de pompes officielles. Un service solennel fut célébré dans la chapelle de l'Hôtel de Ville, et le trésorier fit faire à cette occasion 24 écussons aux armes de la ville pour en orner les torches funéraires, et 12 robes de deuil pour en vêtir autant de pauvres.

Les comptes de ce fonctionnaire nous disent que les consuls accompagnèrent le corps au lieu de sa sépulture, mais sans désigner autrement ce lieu. Nous nous sommes donc reporté au testament, où nous pensions trouver, sur ce point, la formule ordinaire de ces sortes d'actes. A notre grande surprise, nous y avons lu la clause suivante : « *Elegit corpori seu cadaveri suo, dum ejus anima fuerit ab eo separata, sepulturam ecclesiasticam in ecclesia conventus Fratrum Predicatorum Avenionensium, in capella sancti Vincentii Ferrerii, in tumulo ibidem per ipsam nobilem testatricem erecto.* »

D'après cette clause, Madeleine de Lartessut aurait été inhumée dans l'église des Dominicains et dans la chapelle érigée par elle sous le titre de *Saint-Vincent Ferrier.* Comment se fait-il donc que les délibérations de l'Hôtel-de-Ville placent sa sépulture dans l'église de Saint-Pierre et dans une chapelle adhérente à celle de la Concorde ?

Autre sujet d'étonnement : pour quelle

raison cette église n'est-elle pas même nommée dans le testament de Madeleine, alors
que toutes les autres paroisses d'Avignon y
sont l'objet de donations généreuses ?

Cette omission fut certainement voulue,
et l'on serait tenté de lui assigner pour cause
une mésintelligence survenue entre Madeleine et le Chapitre de Saint-Pierre. Et ce
désaccord devait durer depuis longtemps,
puisque cette dame avait commencé dès le
mois d'avril 1542, à fonder une chapelle
dans l'église des Dominicains. D'autre part,
on ne rencontre point, dans les registres
du notaire Gautier, entre la date du testament de Madeleine et le moment de sa mort,
un acte rétractant les dispositions ci-dessus ;
bien au contraire, elles sont formellement
maintenues par plusieurs codicilles, dont le
dernier est du 25 mars 1543.

Faut-il en conclure que les Avignonais,
en 1652, avaient perdu le souvenir exact des
faits accomplis un siècle auparavant, et
qu'ils attribuaient à Saint-Pierre un tombeau
appartenant aux Frères-Prêcheurs ?

Comme nous cherchions la solution de ce
problème, nous avons fait une découverte
qui nous a beaucoup intéressé, mais sans
nous donner l'explication que nous dési-
rions. A la suite de la chapelle que nous
croyons être celle de la Concorde, et for-

mant avec elle un même corps, il en est une
autre plus petite et d'une hauteur bien
moindre, adossée au chevet de l'église. Vis-à-
vis de la fenêtre qui l'éclaire, un mur de construction moderne masque à moitié les retombées de l'ogive de la voûte. Un confes-
sionnal y est appuyé ; mais il est évident qu'à
la place qu'occupe ce meuble il y avait autrefois un autel, ainsi que l'atteste la niche
ouverte à côté et où l'on déposait les buret-
tes. Devant cet autel était l'entrée d'un ca-
veau funéraire ; l'anneau scellé dans la dalle
qui la fermait existe encore aujourd'hui.
Mais une particularité plus remarquable,
plus curieuse, a frappé nos yeux : toute la
voûte et une partie des murs sont semées de
tourteaux chargés d'une fleur de lis héral-
dique, et des branches de lis au naturel sont
sculptées sur l'unique console qui subsiste.
Les tourteaux fleurdelisés sont à peine vi-
sibles sous l'épaisse couche de badigeon qui
les empâte, mais cependant bien reconnais-
sables. Cet insigne appartenait aux armoiries de Madeleine de Lartessut, comme il
conste par le blason ornant le frontispice
d'un traité de droit canonique donné par cette
dame au monastère des Célestins, et qui
fait actuellement partie des collections ma-
nuscrites de la Bibliothèque du Musée-Calvet. L'écusson placé jadis à la clef de la

voûte de la chapelle, et qui a été détruit, représentait sans doute ce blason complet, à
savoir : Au 1-4, *d'or à six tourteaux de
gueules, mis en orle, surmonté d'un tour-
teau chargé de l'écu de France. Au 2-3,
d'or au porc passant de sable.*

Nous ne connaissons aucune famille,
autre que celle issue de Pons de Lartessut,
qui fût en situation de se donner pour armes
les *pillole* des Médicis, qui se faisaient des-
cendre d'Oribase, médecin de l'empereur
Julien, et la fleur de lis qui leur fut concédée
par François Ier. Si donc la Madeleine de
Lartessut, dont nous venons d'esquisser
l'histoire si intéressante, n'a pas été ensevelie à Saint-Pierre, c'est une dame du
même nom qui a son tombeau dans la
petite chapelle du fond de l'église, et c'est
elle qui a fondé, dans la chapelle voisine,
l'anniversaire de la Concorde. Une branche
des Lartessut-Médicis, issue de Pons, a
longtemps habité Avignon avant de se trans-
porter à Bédarrides, et il a pu se produire
dans cette famille des événements dont l'é-
loignement des années et l'absence de documents nous déroberont toujours le secret.

Nous allons maintenant continuer notre
étude en suivant l'ordre des chapelles
modernes.

Chapelle des âmes du Purgatoire

Dans sa forme actuelle, cette chapelle est de création récente. Elle a servi longtemps de passage pour venir de la place du Cloître dans l'église et pour monter à la tribune de l'orgue. On en avait fait aussi le dépôt des chaises, qui s'entassaient irrespectueusement devant le monument de Parpaille. Un couloir étroit et obscur longeait ce monument, alors un peu plus reculé qu'aujourd'hui vers la sacristie où conduisait ce corridor. A côté de la porte d'entrée de cette sorte de vestibule il y avait un bénitier historique. En 1574, un juif ayant blasphémé contre Dieu et méprisé l'eau bénite, fut condamné à la peine du fouet et à une amende, que l'on employa à l'achat de ce bénitier, au-dessus duquel on mit l'inscription suivante :

D. O. M.
Deiparaeque Virgini et orthodoxae Ecclesiæ
Gregorio XIII pontifice optimo maximo.
Carolo cardinali a Borbonio legato.
Georgio Carolo de Arminiaco collega.
Illustris Franc. de Fogassiis baro Sampsonis
Dominusque Barthalassiae Regis Gallorum eques
Praetor Avenionensis,
Egregii et spectabiles Bartholomeus de Ripariis
Et Joannes Feraudi Jurium doctores,
Ex mulcta Judices, ultra fustigium Judeo, indicta,
XIX Kal. Feb. Ann. M. D. LXXIV
Ob nefandam blasphemiam in aquæ benedictæ contemptum
Perfida ejus lingua prolatam
Amulam hanc aeneam confici
Angulumque hunc repari curarunt.

Le mausolée de Perrinet Parpaille, tel qu'on le voit à présent, ne mérite pas, à notre avis, la réputation qu'on lui a faite. On l'attribue au sculpteur Imbert Bouchon, l'auteur présumé du retable des Doni à Saint-Agricol. Cette dernière composition est certainement très remarquable par la fécondité d'imagination et l'habileté de main qu'elle accuse; mais ces qualités y sont poussées jusqu'à l'excès et deviennent des défauts. L'ornementation du tombeau de Saint-Pierre est beaucoup plus sobre, beaucoup moins tourmentée; mais ce monument a été tellement remanié et rapiécé qu'on ne sait plus distinguer le vieux du neuf. Les statues sont incontestablement d'une époque très moderne, et l'ancienneté de la décoration nous semble très problématique. Il n'y a que le bas-relief de la Cène, d'après Léonard de Vinci, qui appartienne indubitablement à l'œuvre primitive. Le chroniqueur Jean Morelli, qui vivait au milieu du XVI⁰ siècle, nous a heureusement transmis, dans son journal manuscrit, bien que d'une manière sommaire, la description de ce mausolée, tel qu'il existait de son temps.

« Il se compose, dit-il, de trois statues de pierre blanche, de trois pieds de hauteur, représentant saint Pierre avec ses clefs, saint Paul avec son épée, saint André tenant sa croix d'une main, de l'autre un rouleau sur lequel on lit ces mots : *Suscipe discipulum.* Aux pieds de ces saints sont deux chanoines à genoux, en surplis et en aumusse, priant Dieu pour ledit Perrinet Parpaille dont on voit le squelette parfaitement travaillé, au bas duquel sont ces deux vers :

Quisquis ades, tu morte cades, sta, respice, plora.
Sum quod eris, modicum cineris, pro me, precor, ora.

Au-dessous, une tablette représentant la Cène, d'après Léonard de Vinci.

On voit aux deux côtés de ce tombeau les armes des Parpaille, qui sont *d'argent au Lion de gueules armé.* »

C'est une opinion généralement admise que ce tombeau est celui du fameux Perrinet Parpaille qui paya de sa tête son apostasie. Cette fois, la tradition populaire s'accorde avec la vérité historique ; Jean Morelli, qui fut témoin oculaire des événements qu'il raconte, dit qu'après son exécution cet héréti-que fut inhumé à Saint-Pierre dans le tombeau de ses ancêtres, et que sa famille lui fit élever un beau mausolée. Loys de Pérussis, dans son Livre sur les guerres d'Avignon et du Comté-Venaissin, rapporte le même fait ; mais Laurent Drapier, dans ses *Mémoires,* dit que Perrinet fut enseveli, de nuit, dans le cimetière des Pénitents-Gris. Ce qui est certain, c'est que la chapelle où ce monument fut construit existait depuis plusieurs années au moment de la mort de Perrinet; elle avait été fondée par son père, qui portait le même prénom que lui. Une courte notice sur ces deux personnages ne sera pas ici un hors-d'œuvre.

Perrinet Parpaille le vieux occupait un rang élevé dans l'aristocratie avignonaise. Il était de la maison des seigneurs de Montésargues, dans le diocèse d'Annecy, chevalier, docteur en l'un et l'autre droit, conseiller royal. Mais comme beaucoup de ses contemporains, il professait une morale facile, ce qui ne l'empêchait point de se dire bon chrétien et de consacrer à des œuvres pies une partie de sa fortune. C'est lui qui fit construire dans l'église de Saint-Pierre, pour y placer la sépulture de sa famille, une chapelle à laquelle il donna le titre de *la Conception de la Bienheureuse Vierge Marie*, comme il résulte de la clause suivante de son testament reçu, le 24 janvier 1534, par M° Louis Gautier : *Deinde vero ipse dominus testator elegit corpori sive cadaveri suo sepulturam ecclesiasticam videlicet in ecclesia collegiata sancti Petri Avenionensis parrochia sua et in sua capella sub honore et titulo Conceptionis Beatae Mariae Virginis*

*constructa et in tumulo in eadem pro se et
suis constructo* (1).

Il n'est pas question dans ce document
d'un tombeau monumental, et nous·n'avons
rien rencontré à ce sujet dans les actes très
nombreux du même notaire qui concernent
les deux Perrinet Parpaille. On peut donc
s'en tenir au récit du chroniqueur Morelli.

Au moment de la mort de son père, Perrinet, deuxième du nom, était encore mineur ;
il fut placé sous la tutelle de sa mère,
Andrinette Labite, servante du défunt qui
avait récompensé ses longs et bons services
en l'épousant morganatiquement. Les actes
du notaire Gautier nous le montrent successivement écolier, licencié, docteur en droit,
professeur et enfin primicier de l'Université,
président unique du Parlement d'Orange, et,
chose curieuse et absolument inédite, *curé
perpétuel* de Pujault, où son père lui avait
laissé des biens considérables. Il avait d'abord
embrassé avec ardeur les intérêts de la
religion catholique, mais il se laissa séduire
par les sophismes de la prétendue Réforme,
et après avoir servi secrètement la cause du
Calvinisme, il jeta bientôt le masque et prit
une part active aux entreprises militaires de

(1) Nous devons la communication de cet acte à
l'obligeance de M le docteur Victorin Laval, le savant
historiographe de l'Université d'Avignon.

ses coreligionnaires. Ayant engagé les consuls d'Orange à lui remettre les vases sacrés et les reliquaires de cette ville, il les porta à Lyon pour les convertir en monnaie et pour acheter des armes ; mais, à son retour, il fut reconnu au Bourg-St-Andéol, arrêté par la populace et livré aux officiers de Mgr Laurent Lenzi, vice-légat, qui le fit conduire en prison à Avignon. Son procès fut promptement expédié, et le 9 septembre 1562, entre 3 et 4 heures du matin, il eut la tête tranchée dans une cour du palais apostolique. Comme avant de mourir il eut le bonheur d'abjurer les erreurs de Calvin, sa famille fut autorisée à le faire ensevelir avec les cérémonies de l'Eglise, et ce serait alors, d'après Morelli, que le mausolée de la chapelle des âmes du Purgatoire aurait été édifié.

Il est parlé dans quelques actes d'un autel de *Cena Domini* érigé dans l'église de Saint-Pierre ; ne s'agirait-il point ici d'un autel auquel le monument de Parpaille aurait servi de retable ?

Chapelle du Sacré-Cœur

C'était autrefois la chapelle de *St-Vincent*, dont nous avons déjà parlé et qui fut fondée par Jean Textoris. Il y aurait beaucoup à dire sur ce personnage ; mais nous devons nous borner. C'était le type accompli de l'homme vertueux : bon chrétien, citoyen modèle, excellent père de famille. Il conformait sa vie à cette maxime qui servait d'épigraphe à l'un de ses livres de commerce, et qui est imitée du *Rex eris, si recte facies* d'Horace : *Se yeu fosse sagi, yeu fora Reys de France o Emperaour o Papa, que es plus noble.* Il fut marié trois fois ; sa troisième femme, Catherine de Lartessut, qui lui survécut (il mourut le 1er mars 1384), était la tante de Madeleine de Lartessut. Cette parenté n'est certainement pas étrangère à l'institution de la messe de la Concorde ; mais cette messe, qui fut d'abord célébrée dans la chapelle de St-Vincent, ne fut ainsi qualifiée que dans la seconde moitié du XVIe siècle, et ce n'est qu'à la même époque qu'il est question, dans les comptes du Trésorier de la ville, du banquet qui suivait le *Cantal de la Coucourde*, ce qui prouve que cette fondation ne remonte pas à Jean Textoris. Celui-ci avait fondé des anniversaires pour le repos de son âme et pour les membres défunts de sa famille; Madeleine de Lartessut resta fidèle à cette intention, puisque le *Chanté* institué par elle était une grand'messe de mort; mais elle voulut en faire aussi une leçon de sagesse pour les magistrats municipaux.

La cérémonie religieuse était entourée de beaucoup de solennité; on sonnait les glas pendant plusieurs heures, et le sonneur de Saint-Pierre recevait pour son salaire 5 florins; la chapelle était tendue d'une tapisserie de brocard rouge léguée par Textoris; un drap d'or recouvrait le catafalque, autour duquel brûlaient d'énormes torches de cire portant des écussons aux armes de la ville. Avant de se retirer, les nouveaux consuls laissaient au Chapitre une riche offrande, et allaient ensuite faire une visite en voiture au vice-légat et à l'archevêque.

Nous pourrions, si c'était ici la place, donner le menu du festin de la Concorde, qui avait lieu à l'Hôtel-de-Ville, dans une salle ornée de verdure. Quand la fête tombait un jour d'abstinence, on ne servait que des plats maigres, parmi lesquels nous remarquons des *cassoles de coucourdes*; serait-ce là l'origine du nom sous lequel la malignité publique aurait désigné d'abord ce banquet, et qui finit par devenir son appellation officielle?

Chapelle de Ste-Philomène
ou des Reliques

Les actes anciens la désignent sous le vocable de *Ste-Barbe* ou simplement de *Chapelle près la chaire de pierre*. Le 15 septembre 1593, Jacques Chaissy, notaire apostolique, y fonda une chapellenie sous le titre de *St-Antoine*.

Chapelle de St-Antoine de Padoue

Le 8 des kalendes d'août 1258, le sire Bertrand de St-Laurens, homme d'armes du roi de France, qui s'était retiré à Avignon, fit son testament dans lequel il légua cent livres tournois dont le revenu devait être employé annuellement et perpétuellement à subventionner l'*Aumône de l'Epicerie*. Cette œuvre existait déjà ; mais la dotation de Bertrand de St-Laurens vint la fortifier par l'octroi de statuts et de privilèges qui lui donnèrent un caractère légal. Les Aumônes étaient des institutions charitables qui avaient pour but de secourir, dans chaque corps de métier, les pauvres et les malades sans ressources, sur les fonds d'une caisse commune qu'alimentaient une cotisation annuelle et les droits d'apprentissage et de maîtrise.

D'autres fondations et des legs vinrent accroître les revenus de l'Aumône des Epiciers ou Pébriers qui avaient choisi l'église de Saint-Pierre pour y célébrer leurs offices religieux, pour y tenir les archives de leur corporation, et pour lieu de réunion des chefs de famille appelés, chaque année, la troisième fête de Noël, à élire les recteurs et autres officiers de l'Œuvre. Celle-ci prit une importance de plus en plus grande, qui se manifesta par de nombreux bienfaits répandus sur les indigents.

La deuxième fête de la Pentecôte et le 1er août, jour anniversaire du décès de Bertin Busaffi, un des bienfaiteurs de l'Aumône, de petites sommes étaient distribuées par les recteurs à tous les pauvres qui se présentaient.

Le 30 septembre, fête de saint Jérôme, la grosse cloche de Saint-Pierre était mise en branle à deux ou trois heures du matin. Les pauvres honteux, ainsi avertis, accouraient de toutes parts et recevaient chacun un pain d'une livre.

Le 4 octobre, jour de la fête de saint François d'Assise, au son de la même cloche, sept pauvres garçons de huit à dix ans, vêtus tout de neuf aux frais de l'Œuvre, se rendaient à Saint-Pierre portant chacun un cierge de cire jaune, et assistaient à une grand'messe en musique. Ils allaient de .là dans la chapelle de Ste-Anne, prier sur la tombe de François Siffredi, drapier d'Avignon, qui avait légué 3oo écus pour une distribution de secours à des enfants nécessiteux, et recevaient une aumône avant de se retirer.

Le 1er novembre, fête de la Toussaint, les recteurs distribuaient des vêtements qu'ils avaient acquis au moyen d'une pension léguée par dame Anne, veuve de Ponson de Baux.

Enfin, le 26 décembre, deuxième fête de Noël, ces mêmes administrateurs, ayant fait pétrir douze salmées de farine de froment, remettaient un pain à chaque pauvre, et faisaient ensuite déposer six pains dans chaque maison des rues de l'Epicerie et de la Ferraterie.

La chapelle affectée, depuis l'agrandissement de 1512, aux exercices religieux de la corporation des marchands d'épices, était celle qui est aujourd'hui dédiée à saint Antoine de Padoue. Elle a porté successivement divers vocables par suite des chapellenies qui y furent fondées ; certains actes l'appellent *Chapelle de Notre-Dame de Bethléem,* d'autres, *Chapelle de St-Joseph, de Ste-Anne ;* mais c'est ce dernier titre qui est le plus fréquemment employé, à cause de la fondation de François Siffredi faite en l'honneur de la mère de la Sainte Vierge. On la nommait aussi quelquefois *Capella prope fontes*, les fonts baptismaux, ainsi qu'on le voit dans le prix fait de 1512, étant alors placés de ce côté de l'église, dans une niche en forme de coquille.

Mme Marie d'Anselme, marquise de Javon, fonda dans cette chapelle une chapellenie sous le titre de *St-Jean-Baptiste*.

Mais avant la construction de la travée ajoutée à l'église de Saint-Pierre au commencement du XVIe siècle, la chapelle dont il s'agit n'existait pas ; c'était dans celle de St-Sébastien et de St-Roch, qui devint plus tard celle des Louancy, que l'Aumône de l'Epicerie avait son siège.

La nouvelle nef et ses chapelles

La construction d'une nef latérale en 1861 a modifié complètement la topographie de cette partie de l'église. Il est fort difficile de reconstituer aujourd'hui l'ancienne ordonnance des chapelles faisant face à celles dont nous venons de parler ; nous allons cependant essayer de le faire avec l'aide des renseignements qu'on a bien voulu nous donner.

Depuis la grande porte d'entrée jusqu'à l'extrémité orientale de la nef fermée par le monument des Galliens, il y avait quatre chapelles représentées à présent par celles des Fonts baptismaux, de St-Joseph, de l'Immaculée-Conception et de Notre-Dame-des-Sept-Douleurs. Ces deux dernières étaient séparées des deux autres par une muraille massive ne laissant aucune issue.

La petite porte ouvrant sur la rue de la Corderie n'existait pas.

Les Fonts baptismaux étaient plus rapprochés de l'escalier de la tribune de l'orgue qu'ils le sont aujourd'hui.

Cette partie de la première travée de l'église, dite *Chapelle des notaires*, n'avait plus d'autel depuis longtemps ; elle servait de passage pour aller dans une salle affectée à divers usages, en dehors du service divin. C'est par là que nous allons commencer notre excursion historique dans les chapelles ci-dessus dénommées.

Avant 1376, il y avait à cette place, sous le vocable de *St-Jacques*, une chapelle tellement vaste que quelques actes anciens l'appellent *église* ; mais elle était toute délabrée. Un notaire avignonais, Parisis Constantin, par son testament du 4 août 1348, y fonda une chapellenie qu'il mit sous le jus-patronat de l'Aumône de l'Epicerie et de la Confrérie des notaires greffiers de la Cour de St-Pierre, érigée depuis un temps immémorial dans la paroisse. Doulce Lombard y institua, vers 1362, une autre chapellenie.

Les deux œuvres vécurent quelques années en bonne intelligence, faisant célébrer leurs offices dans la même chapelle ; mais un désaccord s'étant élevé entr'elles, les notaires demandèrent au Chapitre l'autorisation de bâtir une chapelle qui leur appartînt exclusivement. Elle leur fut accordée le 6 décembre 1376 (*Arch. du Chapitre, n° 783 de l'Inventaire*). Ils chargèrent alors maître Béranger Inocanhaqui, architecte avignonais, de démolir le vieil édifice qui leur était concédé et d'élever à sa place une chapelle toute neuve sous le titre de *Notre-Dame de la Conception*. Ils firent sculpter leurs armoiries (*La Vierge tenant Jésus dans ses bras*) à la clef de voûte de cette chapelle. C'est sans doute à ce moment que l'Aumône de l'Epicerie transporta son siège dans la chapelle de St-Sébastien.

La Confrérie des notaires consacrait une grande partie de ses revenus à des œuvres de bienfaisance ; Bernardin de Gareto, un de ses recteurs, lui légua, par acte du 12 février 1553, une pension de dix écus d'or que lui servait la commune de Caderousse, pour vêtir chaque année sept personnes les plus pauvres de la paroisse, plus une redevance annuelle de deux chapons à la charge de la même localité, pour procurer aux recteurs de l'Œuvre l'occasion de fraterniser dans un repas *(pro eis insimul reconciliandis)*, ce qui ferait supposer, dit Paul Achard, que les notaires d'alors ne vivaient pas toujours en très bonne intelligence.

Plusieurs notaires et jurisconsultes furent ensevelis dans cette chapelle.

Chapelle de St-Joseph

Les clercs de notaires s'étant constitués en confrérie, comme leurs patrons, voulurent aussi avoir leur chapélle ; ils choisirent celle de *St-Jean Porte-Latine*, placée entre les deux piliers qui regardent la chapelle actuelle de St-Joseph, et ils en conservèrent l'usage après qu'elle eût changé de nom dans les circonstances mémorables que nous allons rappeler.

Mgr François de Bagni, archevêque de Patras, vice-légat d'Avignon, avait une grande dévotion pour le cardinal Charles Borromée, que le pape Paul V avait canonisé en 1610, 26 ans seulement après sa mort. En l'année 1614, il résolut d'établir son culte dans cette ville d'une manière toute spéciale, et il fut très activement secondé dans ce dessein par messire François Simonello, protonotaire apostolique, prieur de Flassans, son maître de cérémonies,

Après diverses négociations, et sur la proposition de messire Loys Charpin, doyen de la collégiale de Saint-Pierre, il fut décidé qu'un autel serait érigé dans cette église, sous l'invocation du saint archevêque de Milan, et on choisit à cet effet la chapelle des clercs de notaires.

On s'occupa tout de suite de la décorer en vue de sa nouvelle destination, et de dresser le programme des fêtes qui devaient être célébrées pour l'inauguration du nouvel autel.

En premier lieu, messire Simonello fit faire un grand et beau tableau représentant Charles Borromée en prière devant une croix posée sur un autel dressé dans la campagne, et auprès duquel on voyait plusieurs pavillons où gisaient des pestiférés. L'exécution de ce tableau, qui rappelait l'admirable dévouement du Saint pendant la peste de Milan, fut confiée à un peintre hollandais de grand talent, Quirinus Van Banken, résidant à Avignon. Simonello fit ensuite blanchir toute l'église, restaurer les peintures et les dorures des boiseries, fermer en partie une grande fenêtre qui était au fond de la chapelle de St-Jean Porte-Latine, afin de pouvoir placer le tableau de Banken au-dessus de l'autel.

Ces premiers préparatifs furent complétés

avec une grande magnificence à l'approche du 4 novembre, jour fixé par le décret de canonisation pour la fête annuelle de saint Charles.

Nous empruntons ici, en les abrégeant considérablement et en les traduisant en français moderne, les détails donnés par François Chayssi, notaire, dans une relation manuscrite des cérémonies qui eurent lieu à cette occasion.

Toute l'enceinte de l'église était tendue de belles tapisseries de brocard ; à la naissance de la voûte étaient appendues des bannières alternant avec des cartouches encadrés d'ornements d'or et d'azur, et portant les armoiries du souverain pontife et de Louis XIII, « très chrestien roy de France, heureusement régnant ».

Tout autour du chœur, aussi tapissé de riches étoffes, s'élevaient des colonnes dorées, et au-dessous des corniches de la boiserie étaient rangés circulairement vingt-quatre écussons représentant les actions les plus remarquables de la vie du Saint, expliquées par des écriteaux artistement calligraphiés.

La tribune qui est au-dessus de la grande porte était drapée de tentures à fond d'or, de tapisseries de soie et de velours, qui descendaient depuis la balustrade jusqu'à terre, et au milieu desquelles brillaient des miroirs entourés de franges d'argent et d'or. Au centre était un grand tableau de la Sainte Vierge, entre les portraits du pape Paul V et de Louis XIII.

La chapelle où avait été érigé l'autel de Saint-Charles, et qui devait désormais porter ce nom, était non moins somptueusement décorée. Devant l'arceau qui en formait l'entrée se dressait, sur deux colonnes dorées, un arc triomphal tout étincellant de *parfilures* d'argent et d'or ; un velum de soie bleue, semé d'étoiles d'argent, couvrait la voûte. Sur une banderolle de satin blanc, posée sur la frise de cet arc, on lisait cette inscription en lettres d'or : **Ecce sacerdos qui multum orat pro populo.** Au-dessus, entre deux anges tenant chacun un flambeau, il y avait une image de saint Charles, les bras étendus, les yeux levés au ciel, dans un transparent lumineux. Au bas de ce tableau, un cartouche surmonté d'une couronne ducale portait en grosses lettres le mot **Humilitas**, qui est la devise de la maison des Borromée. D'autres cartouches avec des inscriptions à la louange du Saint étaient suspendus aux murs latéraux de la chapelle, ainsi que des tableaux, que le chroniqueur dit être « grandement admirés de tous comme ouvrages exquis et rares ». Le pavé était recouvert de riches tapis du Levant.

Sur la table de l'autel s'étageaient des gradins drapés de satin blanc broché d'or, ornés d'un grand nombre de flambeaux d'argent et de vases précieux remplis de bouquets de fleurs en tissu de soie et d'or. Sur le gradin le plus élevé se dressait une grande croix d'ébène avec un crucifix d'argent, dont le pied était entouré de chérubins de même métal. Le tout était surmonté d'un encadrement merveilleusement sculpté en ornements « en forme de fleurs et bouillons dorés », au cintre duquel on lisait cette inscription : **Parce mihi, Domine, parce populo tuo.** Cet encadrement était destiné à recevoir le tableau peint par Banken. Plusieurs lampes d'argent étaient suspendues à la voûte de la chapelle.

Pendant que Simonello faisait ainsi décorer l'église de Saint-Pierre, Mgr François de Bagni et Mgr Étienne Dulci, archevêque d'Avignon, s'occupaient de fonder une confrérie en l'honneur et sous l'invocation de saint Charles Borromée. Ils lui donnèrent pour prieurs messire François de Galliens, seigneur des Issarts, gentilhomme ordinaire de la Chambre du Roi, viguier d'Avignon, messire Charles de Fogasse, premier consul, les sieurs Antoine Louancy et François Motonier, second et troisième consuls, et Pierre de Tulhe, assesseur. Les sieurs Antoine de Zanobis et François Chaissy furent nommés trésorier et secrétaire de la dite confrérie.

Le vice-légat décida en même temps qu'une procession solennelle serait faite, le dimanche 2 novembre, pour inaugurer la chapelle de Saint-Charles et y transférer en grande pompe le tableau qui avait été déposé provisoirement dans l'église métropolitaine.

Dès le mercredi, 31 octobre, les cloches de Saint-Pierre furent sonnées, chaque soir, à grandes volées pendant plusieurs heures.

Le dimanche matin, le vice-légat et le marquis de Malatesta, général des troupes pontificales, accompagnés d'un grand nombre de gentilshommes, de magistrats, et d'une foule de personnes de tout rang, se rendirent à Notre-Dame-des-Doms, où une messe en musique fut chantée par la maîtrise. L'office terminé, la procession se mit en marche dans l'ordre suivant :

Premièrement, les porteurs des bannières des artisans de la ville, suivis des chefs et des maîtres de chaque profession, en leur rang hiérarchique ;

Immédiatement après, les Pénitents bleus, au nombre de plus de trois cents, conduits par leur prieur, messire Pierre d'Honoraty ;

La Compagnie des Pénitents blancs, qui comptait environ quatre cents membres,

ayant à sa tête messire Barthélemy de Rho-
des, seigneur d'Auriac, chevalier de l'Ordre
du Roi ;

Les Pénitents noirs, qui n'étaient pas moins
de cinq cents, sous la conduite de messire
Honoré de -Ceniès, auditeur de la Rote
apostolique.

Les Pénitents gris, au nombre de quatre
cents vingt-cinq. Le prieur de cette Compagnie était le marquis de Malatesta ; mais
comme il était tenu d'accompagner le représentant du vice-légat, il avait délégué à sa
place le sieur de Follard.

Beaucoup de pénitents marchaient pieds
nus.

Chaque Compagnie était précédée d'un
corps de musiciens, doués de fort belles
voix.

Venaient ensuite divers ordres religieux :
les Augustins réformés, les Observantins,
les Bons-Hommes de saint François de
Paule, les Capucins, les Frères-Mineurs, les
Carmes , les Augustins, les Dominicains
« tous avec leurs belles croix et spectables
modestie et piété » ;

Puis, les Chapitres et Congrégations des
églises paroissiales et collégiales de la ville,
chaque paroisse étant accompagnée d'un
brillant corps de musique. Dans celui de
Saint-Pierre, dirigé par maître Jean Estrau,

célèbre musicien de Provence, on remarquait messire Michel Fornellas, aumônier et maître de chapelle de la reine Marguerite.

On voyait ensuite, à leur rang accoutumé, les illustres et magnifiques seigneurs les viguier, consuls, assesseur, conseillers et autres personnages consulaires de la cité, tous en grand costume, les professeurs de l'Université, entre autres messires Jean du Laurens, fils « de l'insigne comte aux lois, Jérôme du Laurens, très fameux dans toute l'Europe » et Joseph Suarès, conseiller du Prince d'Orange, le Collège des docteurs et agrégés, en robes de soie, ayant à sa tête le Primicier Sébastien Sissoyne. Venait après un grand concours des principaux et plus apparents citoyens, et derrière eux les chanoines de la Métropole, en chapes rouges, avec leur prévôt, François Suarès, revêtu d'un pluvial de brocard d'or, suivis de la chapelle de musique de cette basilique, « renommée entre toutes », sous la direction du sieur Blancard, avignonais, « fameux en sa profession ».

Elle précédait immédiatement le tableau de saint Charles, porté par quatre diacres en dalmatiques de brocard, sous un dais de damas brodé d'or, à six bâtons tenus par des personnes notables. Le cadre de ce tableau était orné de guirlandes et de festons de *glacés* d'or et d'argent. Tout autour était une troupe d'acolytes balançant des encensoirs d'argent qui parfumaient l'air de suaves odeurs.

A la fin du cortège marchaient, dans l'ordre des préséances, les magnifiques seigneurs Jérôme Felicio, lieutenant-général de l'Illustrissime vice-légat, et président de la Rote, assisté des Révérends auditeurs de ce Tribunal, Henri de Pandrau, vice-gérent de la Chambre apostolique, Jacques de Joannis, seigneur de Rossan, premier juge de la Cour ordinaire de St-Pierre, Elzéar Sollier, second juge, les dataire, secrétaire, trésorier, garde-sceau, maîtres des registres, taxateurs, correcteurs des bulles apostoliques de la Légation, greffiers civils et criminels des Cours du Palais, de l'Archevêché, de la Vice-Gérence.

« Suivaient nombre de personnes de bien et une grande affluence de dames, demoiselles et *plébéanes*, qui, comme un flot impétueux, remplissaient les rues où passait cette grande et magnifique procession. »

Toutes les rues étaient jonchées de fleurs et de verdure, les fenêtres et les façades des maisons parées de belles et rares tapisseries, de tableaux de grand prix, et de proche en proche, étaient placés des vases de fleurs et des cassolettes d'où s'exhalaient des nuages parfumés. Toutes les cloches de la ville mises en branle « remplissaient les airs de délectables harmonies. »

Lorsque la procession fut entrée dans l'église de Saint-Pierre, et que le tableau eut été mis à la place qu'il devait occuper, les canons, couleuvrines, fauconnaux, pétards et autres pièces d'artillerie firent entendre leurs bruyantes détonations.

Une messe très solennelle fut célébrée en présence du vice-légat, pendant laquelle les maîtrises des paroisses et de la Métropole exécutèrent de beaux motets, alternant avec les concerts des divers corps de musique, « estant ceste mélodieuse action joincte à l'armonye des orgues modérée et conduicte par le sieur Michel de Tornatoris, préfet des orgues de la principale église, à qui, par le veu de tous, est defférée la palme de la dicte profession. »

La fête de saint Charles fut solennisée le mardi, 4 novembre, avec non moins d'éclat et de ferveur. Pour conserver à la postérité le souvenir de la grande part que Mgr de Bagni avait prise dans l'érection de la chapelle de Saint-Charles, une inscription gravée sur une pierre dorée fut placée au-dessus de la grande porte de l'église, à l'intérieur.

Le cardinal Frédéric Borromée ayant appris les honneurs rendus à son frère par la ville d'Avignon, fit présent à l'église de Saint-Pierre, par l'entremise de .Mgr de Bagni, d'une chasuble verte qui avait appartenu au saint archevêque de Milan. Elle fut renfermée dans un reliquaire d'argent, qu'on exposait à la vénération des fidèles le jour de la fête de saint Charles.

De nombreuses guérisons miraculeuses furent opérées par l'intercession de ce grand Saint.

Deux chapellenies furent fondées dans la chapelle de Saint-Charles, l'une par Mme Suzanne de Payen, sous le titre de *Ste-Anne*, l'autre, sous celui de *St-Charles Borromée*, par M. de Salvador. Dame Pierrete de Pusco, veuve de Jean Bellot, notaire, y institua une messe de requiem. Les clercs de notaires n'en furent cependant point dépossédés ; ils y conservèrent leur sépulture, leurs armoiries, et le droit « de faire dire messe » le jour de leur fête.

Chapelle de l'Immaculée-Conception

Le chanoine Jacques Oboli, qui fit construire le retable de l'autel majeur, fit à la chapelle de la Ste-Croix (à présent de l'Immaculée-Conception) un legs où apparaît encore l'originalité de son esprit. Il lui donna un livre intitulé : *Manuel des Curés*, dans lequel, dit le notaire Jacques Girardi, sont beaucoup de bonnes choses pour le salut de l'âme, et il ordonna qu'il serait enchaîné dans une armoire placée sous la lampe de la chapelle, et devant laquelle il y aurait un escabeau où le lecteur pourrait s'agenouiller.

La chapelle de la Ste-Croix occupait l'espace compris entre les piliers qui font face à la chapelle moderne de l'Immaculée-Conception, et s'étendait un peu au delà, puisqu'elle communiquait par un arceau avec celle de la travée supérieure.

Deux anciennes familles avignonaises, les Bottin et les Fortia, avaient fondé des anniversaires dans cette chapelle, et en possédaient le juspatronat. Elle fut placée plus tard sous l'invocation du Saint-Esprit.

Chapelle
de Notre-Dame des Sept douleurs

Elle était sous le vocable de *St Léonard*, quand elle fut dédiée, en 1601, à *Notre-Dame de Grâce* ; mais on la désignait souvent par le titre du *Saint-Sépulcre*, depuis la fondation de Périn de Galliens.

Avant cette fondation, elle n'avait que la profondeur des piliers de la première travée au-dessous du chœur.

En 1431, Pierre ou Périn de Galliens, seigneur des Issarts, obtint du Chapitre de Saint-Pierre l'autorisation de prendre dans le cimetière de cette église le terrain nécessaire pour bâtir une chapelle et y placer le tombeau de sa famille. Une inscription en lettres gothiques, gravée sur la muraille et depuis longtemps disparue, mentionnait la date de cette fondation et le nom du fondateur.

Nous n'avons pas trouvé dans les archives du Chapitre un seul document relatif à la construction du beau monument élevé sur la sépulture des Galliens, et qui représente l'ensevelissement du Christ ; mais le hasard nous a fait découvrir une pièce qui nous fournit à cet égard un renseignement précieux. C'est le prix fait d'une chapelle qu'Elzéar de Porcellet, gentilhomme d'Arles, fit ériger, en 1434, dans l'église des Frères-Mineurs de cette ville. Voici, *parte in qua*, les termes de ce contrat, extraits et traduits du Cartulaire de l'illustre famille des Porcellet (1).

« L'an de l'Incarnation du Seigneur

(1) Minutes de Bernard Pangonis, étude Martin-Ragot, à Arles.

M. CCCC. XXXIV, et le 2 du mois de novembre, qu'il soit connu de tous que noble Elzéar de Porcellet, désirant pourvoir au salut de son âme et de celle de ses parents, a chargé maître Gilles du Puy, lapicide, habitant de Beaucaire, dans le diocèse d'Arles, de construire et édifier, bien et dûment, en l'honneur et à la louange de Dieu, de sa sainte Mère, et des Saints et Saintes du Paradis, une chapelle dans le verger qui est près de l'église et du cloître du couvent des Frères-Mineurs d'Arles, du côté du chœur, en la forme dans laquelle Périn de Galliens a fait construire la sienne dans l'église de Saint-Pierre d'Avignon. »

Il est dit dans les clauses suivantes qu'il y aura dans cette chapelle un autel, une piscine et un parapet, sur lequel sera posée une grille ; mais il n'est pas question d'un retable, et cependant la *Mise au tombeau* de l'église Saint-Pierre est tout à fait semblable à celle du couvent des Frères-Mineurs d'Arles, qui est aujourd'hui dans l'église de Saint-Trophime ; c'est le même style, comme sculpture, c'est la même mise en scène : Nicodème et Joseph d'Arimathie déposant le corps du Sauveur dans le sépulcre, la Vierge défaillante de douleur soutenue par deux saintes femmes, saint Jean et un autre disciple qui tient à la main un calice ; il n'y a de plus, dans le monument d'Arles, que deux anges portant les instruments dé la passion. Il est évident pour nous, jusqu'à preuve contraire, que ce sont deux œuvres du même sculpteur, faites d'après le même modèle. Nous croyons donc qu'il faut attribuer à Gilles du Puy non seulement la construction de la chapelle érigée par Périn de Galliens, mais l'exécution du retable qui en décorait l'autel. Ce n'était pas un simple maçon, comme la qualification de *lapicide* qui lui est donnée dans l'acte du 2 novembre 1434 pourrait le faire penser ; il n'est pas rare en effet de voir appeler ainsi, dans les écritures des anciens notaires, de véritables artistes connus par leur talent de sculpteur.

Puisque la chapelle d'Elzéar de Porcellet devait être construite exactement sur le modèle de celle de Périn de Galliens, on peut se représenter celle-ci d'après la disposition prescrite par les clauses de l'acte précité: Gilles du Puy bâtit la chapelle des Porcellet en face d'une autre qui était située du côté opposé de la nef; un grand arc en formait l'entrée, vis-à-vis l'autel adossé au chevet de cette chapelle, qui était éclairée par deux fenêtres latérales. Le retable des Galliens n'était donc pas, à l'origine, à la place qu'il occupe aujourd'hui, mais au fond de la chapelle qui faisait suite à celle de St-Léonard.

Ce saint était jadis très honoré dans l'église de Saint-Pierre ; le chapelain qui desservait sa chapelle était nommé sur la présentation des recteurs des confréries des épiciers et des notaires ; mais en 1607, Mgr François Bordini, archevêque d'Avignon, permit au Chapitre d'abattre l'autel qui lui était consacré et de le remplacer par une statue de la Vierge, sous le titre de *Notre-Dame de Grâce*. Par la suite, ce vocable servit à désigner les deux chapelles annexées, l'une devant l'autre.

Le monument des Galliens avait beaucoup souffert pendant le règne de l'anarchie révolutionnaire ; il a été réparé plus ou moins heureusement dans ses parties accessoires ; mais le groupe principal a été respecté par les restaurateurs, dont l'action est quelquefois aussi funeste que celle des démolisseurs.

Le Cloître

La place qui porte actuellement le nom du cloître de Saint-Pierre représente exactement le plan de cet enclos. Avant la Révolution, il était planté de tilleuls qui lui donnaient un aspect très gracieux. Les logis du Chapitre étaient bâtis tout autour.

Ce chapitre se composait de dix chanoines, y compris le Doyen et le Précenteur (maître du chant), et de seize bénéficiers, dont douze prêtres, deux diacres et deux sous-diacres. D'après les statuts du fondateur, le cardinal Pierre Després, la collation de l'office de précenteur et des bénéficiatures appartenait de plein droit au Chapitre. Celui-ci possédait aussi le droit d'élire son doyen, mais cette élection était soumise à la confirmation de l'archevêque, qui donnait l'institution.

Pour construire le cloître, le cardinal Després avait acquis nombre de maisons situées autour de l'église, au nord et au levant ; on peut lire les actes d'achat dans le *Terrier* de Saint-Pierre ; et la mort l'ayant surpris avant l'achèvement des travaux qu'il avait entrepris, il laissa par testament une somme importante pour les terminer.

Une des galeries du cloître était formée

par une série d'arcades antiques, dites *les crotes de Saint-Pierre*, qui avaient, croit-on, fait partie d'un cirque romain. Une autre galerie, celle qui longeait le mur de l'église, aboutissait, du côté du nord, à une chapelle dont on voit encore les vestiges dans le réduit par où l'on montait à la tribune de l'orgue, au-dessus de la chapelle des âmes du Purgatoire. Elle était consacrée à saint Antoine de Padoue. La galerie qui lui servait d'avenue était ornée de onze grands tableaux représentant toute la vie de l'illustre thaumaturge. En 1784, on fit réparer ces tableaux, et l'on découvrit derrière l'un d'eux l'écrit suivant :

« L'an 1689, Mlle Anne Granière, épouse de M. Nicolas Choart, pénétrée d'une grande dévotion envers saint Antoine de Padoue, voulut faire faire le tableau de ce thaumaturge pour le placer dans le cloître de Saint-Pierre qui sert de passage et où tout le monde *monte* pour voir et prier à toute heure.

« Le R. P. messire François Choart, prêtre, beau-frère de ladite demoiselle, fit faire à sa réquisition ledit tableau, l'an 1695, par M. Pierre Parrocel, natif d'Avignon, qui venait de Rome, n'étant âgé que de 24 ans.

« Étaient alors doyen R. P. messire Ignace-Esprit de Guilhen, et R. P. messire

Philippe de Robert, capiscol, lesquels con-
tribuèrent à cette dépense avec plusieurs
autres personnes.

« Les aumônes, dons et offrandes des
fidèles devenant de jour en jour plus abon-
dantes, on se détermina à faire faire au
même peintre, M. Parrocel, toute la vie de
saint Antoine de Padoue, qui est parfaitement exécutée en dix tableaux, sans compter
celui de l'autel. On voit au bas des susdits
tableaux le nom du peintre et l'année qu'il
les fit ; il y en a de l'an 1700, 1701, 1702. »
(Archives du Chapitre.)

Comme tant d'autres édifices d'Avignon,
le cloître de Saint-Pierre subit l'action des-
tructive de la Révolution : il fut démoli dans
le mois de Vendémiaire an XII (octobre 1803), et les matériaux en provenant
furent adjugés à un maçon pour le prix de
180 francs. Les maisons du Chapitre et la
chapelle de Saint-Antoine furent acquises
par divers particuliers et ont disparu pour
la plupart dans les agrandissements successifs
des rues voisines de la place du Cloître.

Dans l'acte de vente d'une maison appartenant au Chapitre, il est dit qu'elle confronte
du nord la rue du *Marché au fil* (partie de la
rue *Peyrolerie* comprise entre la rue des
Ciseaux-d'Or et *la Banasterie*), et du cou-
chant, la *terrasse* servant pour aller à la

chapelle de Saint-Antoine. Ceci concorde avec ce que nous avons lu plus haut de l'endroit du cloître *où tout le monde montait*, et semble indiquer que la chapelle de Saint-Antoine était bâtie au-dessus des arcades de ce cloître.

État actuel

Cette notice nous paraîtrait incomplète si nous n'y ajoutions quelques pages sur l'état actuel de l'église de Saint-Pierre.

Extérieurement, malgré les constructions parasites qui masquent en partie cet édifice, il se profile élégamment sous son clocher pyramidal, décoré de crosses (1).

Sa belle façade, dont on ne saurait trop admirer les portes monumentales, les gracieuses tourelles, les clochetons si élancés, et où le style gothique flamboyant se marie de si agréable manière à celui de la Renaissance, a été récemment restaurée sous la direction de M. Revoil, l'éminent architecte de la Commission des monuments historiques ; mais les dais qui surmontent les niches sont toujours veuves des statues qu'elles abritaient. On a cependant l'espoir que les causes de cette situation regrettable seront prochainement écartées.

A l'intérieur, le regard est tout d'abord captivé par la riche ornementation et l'har-

(1) Il fut construit, en 1495, par Blaise Escuyer, maçon, aux frais de messire Jehan Moneri, chanoine, et coûta 1325 florins. (*Minutes du notaire Jehan do Ulmo.*)

monteuse ordonnance du sanctuaire. On peut regretter que la boiserie dont les murs sont revêtus ne s'accorde pas avec le style architectural de l'église; mais on ne saurait en méconnaître le caractère imposant et la valeur artistique. Les peintures encadrées par de belles colonnes corinthiennes n'ont pas toutes un égal mérite; mais la magnificence du cadre les met en relief. A l'origine, tous les tableaux placés ainsi dans les entre-colonnements représentaient des scènes de la vie de saint Pierre; plusieurs ayant disparu, on les a remplacé par des toiles prises un peu au hasard.

Les stalles chorales datent de l'année 1596; elles furent construites par Claude Suchet, charpentier, à raison de 7 écus et demi chacune; le tout revint à 360 écus de 60 sols pièce.

On est ensuite frappé par le défaut de symétrie des bas-côtés du naos, en voyant, d'une part, quatre chapelles circonscrites dans l'intervalle des piliers, de l'autre, une nef accompagnée de trois chapelles seulement. La création de ce collatéral a été vivement critiquée; elle était pourtant justifiée par la nécessité d'agrandir l'espace destiné aux fidèles. Il ne faut pas oublier d'ailleurs que cette aile de l'église était fort irrégulière, et que les travaux exécutés en 1861 ont rendu plus directe la communication d'une chapelle à l'autre.

Il y avait autrefois dans toutes les chapelles de nombreux tableaux, œuvres d'artistes renommés ; les plus beaux étaient celui de *sainte Anne*, peint par Nicolas Mignard, et une *Descente du Saint-Esprit*, d'un peintre inconnu. On admirait aussi, au fond du chœur, derrière le maître-autel, celui de Guillaume Grève, dont nous avons déjà parlé. Ce dernier est encore en place ; mais les autres ont péri ou ont été dispersés on ne sait où. On les a remplacés en partie par les tableaux de Pierre Parrocel, représentant les principaux faits de la vie de saint Antoine de Padoue, qui décoraient, avant la destruction du cloître, l'avenue de la chapelle de ce saint, et par quelques autres peintures, parmi lesquelles il en est qui méritent une mention spéciale.

Nous plaçons en première ligne l'*Adoration des Bergers*, qui est aujourd'hui sous l'arceau, devant la chapelle de Saint-Joseph, à droite. On avait cru pouvoir l'attribuer à Raphaël, mais il a été constaté par son certificat d'origine qu'il est de Simon de Châlons.

On y voit l'Enfant Jésus à demi couché ; et auprès de lui, un autre petit enfant qui 'adore à genoux, et la Vierge aussi agenouillée, les mains jointes ; au second plan, saint Joseph. Des bergers arrivent à droite et du fond, apportant divers présents ; l'un d'eux, placé au premier plan, tient dans ses mains un jeune poulet qui paraît vivant, tant il est peint avec art ; une bergère offre à Jésus une couronne de fleurs.

L'histoire de ce tableau est assez curieuse ; voici ce que M. Augustin de Loye, ancien conservateur du Musée-Calvet, en a dit dans une notice sur les tableaux de cet établissement.

« Ce tableau n'était point à Saint-Pierre avant la Révolution, et rien n'en indique la provenance. En 1839, lors du recolement fait par la Fabrique de Saint-Pierre, il était dans la chapelle après la chaire, paroi gauche ; alors dépourvu de son cadre, il était posé dans la boiserie. Il en fut enlevé vers 1868, lors de la restauration de l'église, et transporté provisoirement dans un grenier de la Cure, rue Peyrollerie, 14, où il est resté oublié nombre d'années. C'est là que M. Achard, archiviste du département de Vaucluse, et M. Alfred Mitchel le virent encore en 1870. Peu de temps après, M. le curé Carbonel ayant quitté la rue Peyrollerie pour s'installer dans la rue Banasterie, le fit reporter à Saint-Pierre. Par l'effet d'une regrettable incurie, il fut relégué dans les combles de l'église, d'où il n'a été tiré qu'en 1877... Il se trouve aujourd'hui provisoirement chez M. le curé de Saint-Pierre. »

Après être resté quelque temps au presbytère, il a été mis à la place qu'il occupe par les soins de M. le curé Dumas, à qui l'église de Saint-Pierre doit tant d'améliorations.

En face de ce tableau est une *Conception*, de Nicolas Mignard. La Vierge, debout sur un croissant, les mains croisées sur la poitrine, a autour de sa tête une couronne de douze étoiles; des têtes d'anges, répandues autour d'elle, paraissent la contempler.

La *Sainte Famille*, du même peintre, est sous l'arceau qui regarde la chapelle de l'Immaculée-Conception, paroi droite.

La Vierge, assise sur une grande chaise, prend pour l'Enfant Jésus, qui est assis sur ses genoux, un raisin offert par sainte Anne.

A droite du tableau, saint Joseph, assis, tient de la main gauche un lis, et présente de la droite à l'Enfant Jésus un chardonneret posé sur son doigt. Dans le haut du tableau deux anges soulèvent une draperie. La tête de la Vierge est charmante.

Dans la chapelle de Sainte-Philomène, sur le mur à gauche, est encore un tableau de Nicolas Mignard, représentant sainte Barbe et sainte Marguerite. Ces deux saintes sont à genoux face à face ; un dragon est à leurs pieds, et dans le haut du tableau, un ostensoir contenant la sainte Hostie qu'elles adorent ; des têtes d'anges ailées sont répandues tout autour de l'ostensoir.

Les chapelles de Saint-Pierre, à l'exception d'une seule, ont été remises à neuf et ont reçu leur ornementation actuelle sous la seconde administration de M. le doyen Dumas, et le meilleur goût, un vrai sentiment artistique ont toujours présidé aux travaux qui y ont été exécutés. On peut en dire autant de la chapelle de Notre-Dame des Sept Douleurs, dont la décoration fut confiée par M. le curé Carbonel à l'habile pinceau de M. Guilbert d'Annelle, sous la direction de M. l'abbé Pougnet.

M. Baldovin a décoré celle de l'Immaculée-Conception ; mais les personnages et les emblèmes sont marouflés ; les toiles peintes par M. Durbec, artiste très estimé, sont venues de Paris.

Les peintures des autres chapelles sont dues à M. Barbentan, élève de M. Guilbert d'Annelle.

Les vitraux sont sortis des ateliers de M. Bédoiseau.

C'est aussi M. le doyen Dumas qui a fait agrandir la tribune de l'orgue, et on doit à son intelligente initiative, à la persévérante tenacité de ses efforts la restauration de la façade, encore incomplète, il est vrai, à cette heure, mais en bonne voie d'accomplissement.

C'est enfin à sa demande que l'église de Saint-Pierre a obtenu du Saint-Siège l'insigne faveur d'être agrégée à la basilique du Vatican, comme il conste par l'inscription suivante gravée sur une plaque de marbre, au fond de la nef :

Ad perpetuam rei memoriam
Et
Quo magis in dies Christi fidelium devotio excitetur
Anno Domini MDCCCLXXXVI die vero XX aprilis
De rogatu R. Dumas parochi
Haec insignis S. Petri Aventonensis parochialis ecclesia
Olim collegialis
Ad participationem et communicationem
Spiritualium gratiarum et indulgentiarum
Quibus
Sacrosancta patriarchalis Vaticana Basilica
Ditatur et fruitur
Feliciter admissa est et aggregata.

TABLE DES MATIÈRES

www.ingramcontent.com/pod-product-compliance
Lightning Source LLC
Chambersburg PA
CBHW071322030726
47594CB00002B/501